Pour Marie-Pierre,

et pour en finir avec la corruption

et le renoncement,

La Grande Confrontation,

à bientôt j'espère,

Du même auteur

Lettre à la génération qui va tout changer,
Allary Éditions, 2021.

Les Enfants du vide,
Allary Éditions, 2018, J'ai Lu.

Notre France. Dire et aimer ce que nous sommes,
Allary Éditions, 2016, Livre de Poche.

Génération gueule de bois,
Allary Éditions, 2015.

Raphaël Glucksmann

La Grande Confrontation

Comment Poutine fait la guerre à nos démocraties

ALLARY ÉDITIONS
5, RUE D'HAUTEVILLE, PARIS X^{e}

Pour mon père, André Glucksmann,
aujourd'hui plus que jamais.

L'Europe en guerre

«Poutine fera la guerre. Je ne sais pas quand, mais il la fera. Et les Européens seront alors surpris de découvrir que cette guerre les vise aussi…»

L'immense journaliste russe Anna Politkovskaïa semblait désolée de doucher mon optimisme. C'était en 2005, à Paris, j'avais 25 ans et je revenais de Kyiv où j'avais filmé pendant deux mois la Révolution orange, le grand soulèvement anti-corruption et pro-européen du peuple ukrainien. Anna a souri tristement en écoutant mes récits enthousiastes sur la ville insurgée, puis a dit d'une voix douce : «Tout ce que tu décris est magnifique, ces jeunes sont formidables, leur soif de liberté est admirable, mais Poutine envahira le pays pour les ramener à la servitude. Il fera la guerre. Oui, la guerre.»

Elle était mon modèle, la personne la plus courageuse et la plus lucide que j'aie croisée dans ma vie, mais ce soir-là, je la trouvais trop pessimiste. Je lui ai fait remarquer en plaisantant qu'elle commençait à ressembler à ces vieux dissidents désespérés de l'époque soviétique. Elle a ri. Puis elle a continué : «Vous ne mesurez pas ici l'ampleur des problèmes qui vont vous tomber sur la tête. Les Européens pensent que ce qui se passe à Moscou ne les concerne pas, que c'est notre problème et notre problème uniquement. Poutine hait les gens comme moi, certes. Mais à travers nous, en Russie, à travers les révolutionnaires ukrainiens ou géorgiens, c'est aussi vous qu'il hait, votre démocratie, votre société, vos libertés. Les Européens pensent que son régime est simplement une menace pour nous ? Leur réveil sera brutal.»

Anna Politkovskaïa a été abattue dans le hall de son immeuble le 7 octobre 2006. Le jour de l'anniversaire de Poutine. Comme un cadeau fait au Tsar par ses sbires. Aucun dirigeant européen ne l'a entendue. Aucun dirigeant européen ne l'a écoutée. Aucun dirigeant européen ne l'a crue.

Elle est morte seule. Comme elle avait crié, seule, dans un océan de surdité et d'aveuglement pendant des années. Pourquoi nos gouvernants n'ont-ils pas voulu croire Anna ? Pourquoi n'ont-ils pas voulu voir ce que l'anéantissement de la Tchétchénie ou la destruction de la Syrie, le démembrement de la Géorgie ou la première invasion de l'Ukraine en 2014 annonçaient ?

L'histoire que je veux raconter part de là : de cette incroyable cécité.

C'est l'histoire d'un continent qui s'est couché devant un tyran pour avoir la paix et se retrouve plongé dans la guerre.

C'est l'histoire de démocraties qui ont vendu à leurs ennemis la corde pour les pendre.

C'est l'histoire d'élites européennes qui ont failli à leur mission par cupidité ou par naïveté, par culte du profit ou par religion du confort.

C'est l'histoire de nations qui ont laissé se diffuser en elles le poison de la corruption et du renoncement.

C'est une histoire avec laquelle il nous faut rompre sans délai.

*

Je n'invoquerai pas dans ces pages la morale ou les grands principes humanistes, mais la sécurité et la souveraineté. Je n'appellerai pas à l'idéalisme, mais au réalisme. Oui : au *réalisme.* Un réalisme certes bien différent de la bouillie qui est habituellement servie sous ce nom.

Les ministres et les éditorialistes qui ont expliqué pendant vingt ans d'une voix assurée que Vladimir Poutine était un partenaire ont perdu tout droit de se prétendre «réalistes». Leur principale faute à mes yeux n'est pas d'avoir été trop cyniques, c'est d'avoir été trop légers. Derrière leurs poses de vieux sages, ils ont adhéré à des contes pour enfants : la fin de l'Histoire, le commerce pacificateur, l'aplanissement du monde. Ils ont baissé la garde et ont mis en danger nos nations.

Ils n'ont pas simplement consenti au massacre des Tchétchènes ou des Syriens, au démembrement de la Géorgie en 2008 ou à l'occupation de la Crimée en 2014, ils ont accepté le piétinement de nos intérêts stratégiques. Sourds aux alertes, aveugles aux faits, ils nous ont menés au bord de l'abîme.

Le premier commandement du réalisme est de fonder sa politique sur la réalité. Or la réalité fondamentale de l'Europe en 2023, c'est la guerre du Kremlin. Certes nos pays n'ont pas de troupes sur le front et nos villes ne sont pas bombardées, mais nos démocraties sont visées. La guerre n'a pas commencé le 24 février 2022 et ne se limite pas aux frontières de l'Ukraine. Elle dure depuis de longues années et, dans sa forme hybride, touche le cœur même de nos cités. Il est temps de le comprendre, de le dire et d'en tirer toutes les conséquences.

Au premier jour de mon mandat de député européen, le 2 juillet 2019, j'ai demandé la création d'une commission parlementaire sur les ingérences étrangères en Europe. Je n'en pouvais plus de notre surprise, feinte ou réelle, à chaque fois que nous découvrions la trace du régime russe dans la subversion de nos élections, les cyberattaques contre nos institutions ou les campagnes de manipulation de l'information polluant notre débat public. Je voulais établir un diagnostic global, exposer les failles de nos défenses, dessiller les yeux de nos dirigeants.

La « commission spéciale sur les ingérences étrangères dans l'ensemble des processus démocratiques de l'Union européenne, y compris la désinformation » – connue sous le nom d'INGE – a vu le jour en 2020 et j'en ai dès le départ assumé la présidence. Ce livre est le fruit de centaines d'heures de sessions et de missions, de réunions publiques ou discrètes, avec des services de sécurité, des lanceurs d'alerte, des journalistes d'investigation, des responsables de think tanks, des dissidents et des chercheurs[1].

Le verdict de nos travaux est sans appel : les dirigeants européens ont, pendant des années, autorisé des tyrannies étrangères, la Russie et la Chine en tête, à faire leurs courses au sein de nos élites, à investir dans nos secteurs stratégiques pour nous rendre dépendants, à persécuter ou assassiner leurs

1. Le mandat de la commission spéciale était d'un an à l'origine. Il fut prolongé en 2021, puis renouvelé en 2022 et, enfin, étendu, en février 2023, aux questions de corruption et de transparence des processus démocratiques après le scandale du *Qatargate*.

opposants sur notre sol, à s'ingérer dans nos élections et à financer des mouvements politiques hostiles à l'Union européenne... Sans jamais leur faire payer le prix de leurs attaques. Notre faiblesse était une invitation à l'agression, notre lâcheté un encouragement à la conquête. Dans le cas spécifique de la Russie, elles ont conduit notre continent au bord du gouffre.

*

La guerre qui ravage l'Ukraine et ébranle l'Europe n'est pas une parenthèse. Elle exige de nous un effort soutenu sur le moyen et le long terme. En sommes-nous capables ? Vladimir Poutine parie que nous céderons à la lassitude et à la tentation du zapping. Saurons-nous lui donner tort ?

Tout dépend de nous. Rien n'est écrit d'avance et les pages qui suivent racontent aussi la quête de l'antidote au poison de la corruption et du renoncement qui mine nos sociétés.

On dit souvent que l'Union européenne manque d'âme et que son drapeau bleu étoilé ne suscitera jamais le même attachement que le tricolore parce que personne n'est mort pour lui. C'était peut-être vrai, cela ne l'est plus. Des gens sont morts en 2014 ce bout de tissu dans les mains sur Maïdan (la place de l'Indépendance de Kyiv) pendant la Révolution de la dignité, une insurrection démocratique déclenchée par le refus du président Ianoukovitch de signer un accord d'association avec l'UE. Et depuis plus d'un an, des Ukrainiens meurent chaque jour pour défendre tout ce que ce drapeau symbolise et représente. Demandez donc à Kharkiv ou à Odessa, à Tbilissi ou à Minsk si l'Europe n'est qu'un ensemble de normes tatillonnes, une constellation d'acronymes absurdes ou, pire, un plan caché d'effacement des peuples.

L'Ukraine nous dit que l'Union européenne n'est pas qu'un marché ou une bureaucratie, mais un projet de civilisation, que le droit n'est pas nécessairement plus faible que la force brute et que nous sommes plus que ce que nous croyons être.

C'est l'histoire d'un continent faisant face à son destin, contraint de choisir entre la résistance et la soumission, le sursaut et la corruption.

C'est l'histoire d'une guerre qui nous vise nous, Français, Européens, et qui a commencé il y a des années déjà.

C'est l'histoire de la grande confrontation à laquelle nos démocraties, qui l'ont si longtemps ignorée, ne peuvent plus se soustraire.

ACTE I

LA CITÉ CORROMPUE

« Les capitalistes nous vendront la corde pour les pendre » : la phrase de Lénine vise juste. Pendant plus de vingt ans, des dirigeants européens ont vendu aux ennemis de nos démocraties les chaînes pour les asservir. C'est cette histoire de corruption et de trahison que je veux raconter.

La corruption n'est pas qu'une affaire d'argent sale ou de défaillances individuelles. Machiavel la définissait comme la soumission de l'intérêt général aux intérêts particuliers et l'érosion du sens civique sans lequel les républiques s'éteignent. Elle est une question politique plus encore qu'éthique ou juridique. Et, lorsque des puissances étrangères sont impliquées, elle devient un enjeu de souveraineté et de sécurité nationale.

Si j'étais romancier, je sonderais les tréfonds de l'âme d'un chancelier allemand qui vend le système énergétique de son pays à une tyrannie pour laquelle il s'empresse de travailler après son mandat, et j'explorerais la psychologie d'un ancien Premier ministre prétendument gaulliste embauché par Moscou au moment où le groupe Wagner désigne la France comme ennemie à abattre. Mais je ne suis ni romancier, ni moraliste. Peu me chaut de savoir si Gerhard Schröder dort bien la nuit ou si François Fillon se confesse à l'église. Leur salut ne m'intéresse pas. Seul m'intéresse celui de nos nations.

Mon problème n'est pas tant qu'une cité corrompue soit injuste, c'est qu'elle soit faible et friable. Condamnée au délitement. C'est la décadence de l'aristocratie romaine qui a conduit aux invasions barbares. C'est la « pourriture » du royaume qui offre le Danemark à la Norvège dans *Hamlet.* C'est la dégénérescence des élites politiques, intellectuelles et militaires françaises qui précipite « l'étrange défaite » de juin 1940.

Tout commence toujours par la corruption des classes dirigeantes. C'est l'histoire d'hommes et de femmes de pouvoir qui se vendent à des puissances étrangères, et cela se passe à quelques mètres de mon bureau…

Pour du cash et du caviar

Ce vendredi 9 décembre 2022 à l'aube, des unités spéciales de la police belge sont en planque rue Wiertz, à deux pas du Parlement européen. Ils attendent patiemment que Francesco Giorgi, un assistant parlementaire, sorte de chez lui. Sa femme, Eva Kaili, vice-présidente du Parlement, bénéficie de l'immunité et les policiers ne peuvent perquisitionner leur maison. Ils doivent arrêter Francesco à l'extérieur et s'emparer de son téléphone pour que tout commence.

Lorsque sa voiture quitte enfin son garage, il est interpellé, son téléphone est saisi. L'opération peut débuter. L'ancien président de la Commission des droits de l'homme du Parlement, Antonio Panzeri, et le responsable de l'ONG No Peace Without Justice, Niccolo Figa-Talamanca, sont immédiatement arrêtés. Dans la foulée, Luca Visentini, tout nouveau patron de la Confédération syndicale internationale (CSI) et ancien secrétaire général de la Confédération européenne des syndicats, est lui aussi interpellé. Seize perquisitions ont lieu simultanément dans le quartier européen, des bureaux du Parlement sont mis sous scellés, 600 000 euros en cash sont trouvés au domicile de Panzeri.

Après l'arrestation du père d'Eva Kaili en possession d'une valise remplie de billets, les policiers perquisitionnent la maison de la vice-présidente du Parlement européen et découvrent 150 000 euros en cash. Elle est arrêtée à son tour. Le scandale du *Qatargate* explose. L'affaire n'est pas jugée et la présomption d'innocence s'applique, mais l'onde de choc de ce scandale ébranle toujours notre Parlement au moment où j'écris ces lignes et elle l'ébranlera longtemps encore.

C'est l'histoire d'un jeune couple à qui tout semblait sourire, d'un ancien député influent, d'un responsable d'ONG, d'un syndicaliste et de leurs relais dans nos institutions. C'est l'histoire de personnes que je croisais parfois dans les couloirs, en réunion de groupe ou en session de commission, et qui sont aujourd'hui inculpées pour « appartenance à une organisation criminelle », « blanchiment d'argent » et « corruption » par la justice belge[1].

Lorsque le scandale éclate, l'enquête dure depuis de longs mois, sous le nom de code de « Mezzo ». Les services de sécurité belges ont commencé par s'intéresser aux opérations d'influence du Maroc à Bruxelles. Ils ont identifié le rôle central d'un politicien italien, Antonio Panzeri, bien décidé à mettre sa connaissance des arcanes européens et ses réseaux

1. Luca Visentini, lui, n'est mis en examen « que » pour « blanchiment » et « corruption », pas pour « appartenance à une organisation criminelle », contrairement aux autres.

au service de régimes étrangers. Contre de l'argent. Beaucoup d'argent. Au printemps 2022, les services belges sont entrés secrètement chez lui, avenue Plasky à Bruxelles. Ils ont trouvé 380 000 euros en coupures de 50 cachés sous son lit et 320 000 euros dans son coffre. Ils ont soigneusement effacé les traces de leur visite et continué leur surveillance pour découvrir l'ampleur du réseau de corruption. Et c'est en remontant les fils tissés par Panzeri qu'ils ont découvert l'implication du Qatar.

En lisant les comptes-rendus de l'enquête et les transcripts des écoutes parus dans la presse, nous découvrons, au cœur de la social-démocratie européenne, un groupe qui agit comme les bandes mafieuses des séries américaines. On compte les billets dans la cuisine, on cache le pactole dans la poussette, on distribue des enveloppes au syndicaliste ami ou au député complice qui doit faire la bonne intervention au bon moment. On utilise des mots codés pour communiquer – « Quand on a l'argent, on annonce "avoir les costumes" » confie Francesco Giorgi aux enquêteurs – et on joint une personne en Turquie qui transmet un numéro belge à appeler pour récupérer les dits « costumes ». Le contact qui apporte le cash change à chaque fois et la règle est d'effacer son numéro sitôt la transaction réalisée.

C'est l'histoire d'hommes et de femmes de gauche

qui vident les mots de l'humanisme de leur substance en les monnayant[1].

C'est l'histoire de députés européens sociaux-démocrates, mais ce n'est pas une histoire propre au Parlement européen ou à la social-démocratie. Qui oserait affirmer que Paris est moins touchée par l'argent de Doha que Bruxelles ? Quel citoyen ayant un vague souvenir du quinquennat de Nicolas Sarkozy pourrait prétendre que l'influence du Qatar se cantonne à la gauche ? L'ancien ambassadeur de l'émirat gazier en France, Mohamed al-Kuwari, devenu l'icône du Tout-Paris tant il arrosait notre capitale de cash et de cadeaux, avait fini par se plaindre : « Ces politiques prennent mon bureau pour un distributeur de billets de 500 euros »[2].

Cette histoire se moque des appartenances partisanes et joue à saute-mouton avec les frontières. Pour

1. Je me suis heurté à plusieurs reprises à ce réseau sans le savoir. Notamment lorsque je me suis opposé à la ligne très « tempérée » de mon groupe sur le Qatar et aux prises de position lunaires de certains de mes collègues au moment de la résolution sur les violations des droits humains dans la construction des stades et des infrastructures de la Coupe du Monde quelques semaines avant que le scandale éclate. N'ayant pas l'instinct grégaire – ce qui me vaut souvent les qualificatifs de « soliste » ou de « chevalier blanc » (c'est une insulte en politique NDLR) – j'ai à chaque fois voté en conscience et marqué mon opposition. Mais ce serait mentir que de dire que j'avais soupçonné l'existence d'une « organisation criminelle » derrière ces désaccords que je croyais politiques.
2. In Christian Chesnot, Georges Malbrunot, *Nos Très Chers Émirs*, Michel Lafon, 2016, p. 35.

s'en convaincre, prenons un exemple touchant principalement la droite cette fois : la *caviar diplomacy* de l'Azerbaïdjan.

Sis à Strasbourg, à quelques pas du siège officiel de notre Parlement, le Conseil de l'Europe est censé être le gardien de nos principes et de nos valeurs. Son Assemblée parlementaire rassemble des députés de ses 47 États membres[1]. Le 23 janvier 2013, elle siège pour discuter et voter un rapport sur les prisonniers politiques en Azerbaïdjan. Ce qui se passe ce jour-là défie autant l'entendement que de voir des députés de gauche vanter le bilan du Qatar en matière de droits sociaux.

«Je n'ai jamais vu autant d'élus présents dans l'hémicycle» raconte le rédacteur du rapport sur la répression des opposants à la dictature d'Ilham Aliyev, le social-démocrate allemand Christoph Strässer dans le documentaire *La Caviar Connection*[2]. Les prises de parole se succèdent pour attaquer son texte. Le chef des députés conservateurs, l'Italien Luca Volontè, prend la tête de la fronde. Au bout d'une séance surréaliste, le rapport est rejeté par 125 voix contre 79. Des élus français, italiens, espagnols ou allemands applaudissent et le régime de Bakou célèbre leur

1. La Russie a été exclue le 16 mars 2022. Le Conseil de l'Europe compte aujourd'hui 46 pays membres.
2. Benoît Bringer et Laurent Richard, *La Caviar Connection*, 2021.

exploit en arrêtant les experts, journalistes et activistes qui ont coopéré avec le rapporteur Strässer.

Huit ans plus tard, le 11 janvier 2021, la cour de Milan établit après un long procès que le régime d'Azerbaïdjan a versé 500 000 euros à Luca Volontè pour qu'il bloque ce rapport. Le député italien aurait reçu en tout jusqu'à 2,3 millions d'euros entre décembre 2012 et décembre 2014 pour promouvoir les intérêts de Bakou au sein du Conseil de l'Europe. Gerald Knaus, fondateur du think tank European Stability Initiative (ESI), a publié des enquêtes explosives et minutieuses sur ce réseau tentaculaire de corruption impliquant des élus ou anciens élus, essentiellement conservateurs, dans différents pays européens[1]. Selon Arif Mammadov, l'ancien ambassadeur d'Azerbaïdjan auprès de l'Union européenne, pas moins de 30 millions d'euros ont été distribués en argent ou en cadeaux au sein du seul Conseil de l'Europe[2].

« Si un petit pays comme l'Azerbaïdjan a pu faire ça, vous imaginez ce qu'une grande autocratie peut faire ? » interroge Gerald Knaus[3].

1. ESI, *The European Swamp (Caviar Diplomacy Part 2)*, décembre 2016.
2. Les élus « amis » recevaient notamment des boîtes de caviar de 500 g plusieurs fois par an et de 2 kilos en cas de visite à Bakou, d'où le nom de *caviar diplomacy*...
3. In Benoît Bringer et Laurent Richard, *La Caviar Connection*, 2021.

Il a raison. La corruption des gardiens supposés de nos cités est une arme dans les mains de régimes étrangers sans scrupules. Lorsque les mêmes failles systémiques et les mêmes faiblesses humaines sont exploitées par une grande puissance qui ne cherche pas simplement à redorer son image, mais à déstabiliser et soumettre nos démocraties, les enjeux ne se limitent plus à une résolution du Parlement européen ou de l'Assemblée parlementaire du Conseil de l'Europe. Quand la Russie remplace l'Azerbaïdjan ou le Qatar, la corruption change d'échelle. L'influence des corrompus comme des corrupteurs est alors incomparable et c'est l'avenir du continent européen qui est en jeu.

Un héros de notre temps

La photo est prise à 22 h 30 le 28 avril 2014 devant les portes du palais Youssoupov de Saint-Pétersbourg. Un mois après l'annexion russe de la Crimée, alors que la guerre commence dans le Donbass ukrainien, trois hommes se retrouvent pour fêter un anniversaire. Le premier sort d'une berline noire d'un pas décidé, le second l'accueille et l'embrasse avec entrain, le troisième se tient à quelques pas et regarde la scène en souriant. Les deux premiers sont célèbres : le président russe Vladimir Poutine et l'ancien chancelier allemand Gerhard Schröder, dont on célèbre ce soir-là les 70 ans. Le troisième est inconnu du grand public. Son nom est Matthias Warnig[1].

Au moment du cliché, il est – excusez du peu ! – membre du *board* de la banque Rossiya (surnommée « la banque des amis de Poutine »), membre du *board* de la VTB Bank, membre du *board* des directeurs de Rosneft (5 % de la production mondiale de pétrole), membre du *board* des directeurs de Transneft (70 000 km de pipelines), président du *board* des directeurs du géant de l'aluminium Rusal et PDG du consortium Nord Stream, le gazoduc qui relie la Russie à l'Allemagne sous la mer Baltique. La liste interpelle : comment un citoyen allemand peut-il occuper une telle place dans le système russe ? La réponse est simple : Matthias Warnig n'est pas n'importe quel citoyen allemand.

Né de l'autre côté du rideau de fer, il rejoint à dix-huit ans la Stasi, la police politique de la RDA. Au sein du Département des opérations spéciales en charge des infiltrations à l'Ouest, il intègre la brigade Félix Dzerjinski, du nom du fondateur de la Tcheka

1. Dans l'une de ses rares interviews à la presse occidentale (au quotidien autrichien *Die Presse*), Matthias Warnig déclare : « Je n'aime ni être aux premières loges, ni faire les titres des journaux, cela s'explique sans doute par ma biographie. »

(l'ancêtre du KGB). Dans la vie civile, il fait des études d'économie à Berlin-Est, d'où son premier nom de code : *Ökonom*, «l'économiste». Diplômé, il rejoint le ministère du Commerce extérieur est-allemand. Envoyé à Düsseldorf pour espionner les milieux d'affaires de RFA, il parvient en quelques années à pénétrer les plus grands groupes allemands, de Krupp à Thyssen, en passant par BASF et la Dresdner Bank. Ses succès le font vite monter dans la hiérarchie de la Stasi : renommé «Arthur», promu capitaine puis directeur, collectionnant les décorations, il est promis à un avenir glorieux[1].

Son profil ne peut alors qu'intéresser le «résident» du numéro 4 de la rue Angelika de Dresde, villa cossue des bords de l'Elbe qui sert au KGB de centre de recrutement d'espions est-allemands à envoyer à l'Ouest. Le nom de ce «résident» ? Vladimir Vladimirovitch Poutine. La journaliste du *Financial Times* Catherine Belton a enquêté sur les années allemandes de Poutine et affirme que les deux hommes travaillent étroitement ensemble : «Warnig faisait partie de la cellule du KGB montée à Dresde par Poutine sous couvert d'une agence de conseil d'entreprise[2].»

1. Ses travaux pratiques et théoriques, notamment son rapport de mai 1987 sur le système énergétique ouest-allemand et ses failles, ne sont pas sans importance pour la suite de notre histoire.
2. Catherine Belton, *Les Hommes de Poutine*, Talent Éditions, 2022.

L'ancien espion allemand nie formellement avoir collaboré avec le futur président russe à cette époque. Tout indique que c'est faux et on sait que les deux hommes ont été décorés ensemble lors d'une soirée de la Stasi en février 1988, mais cela n'a au fond qu'une importance relative quant à la suite de leurs aventures.

Après la chute du Mur, toujours fonctionnaire du ministère du Commerce extérieur de RDA, Warnig participe aux négociations sur les aspects économiques de la réunification allemande. Il impressionne ses interlocuteurs par sa connaissance intime des arcanes du capitalisme rhénan et détonne au milieu des bureaucrates dépassés et dépressifs qui peuplent alors les institutions communistes. Cette capacité d'adaptation aux « nouvelles réalités » est le propre des agents des renseignements extérieurs, en RDA comme en URSS. Warnig, comme ses confrères du KGB, a diagnostiqué depuis longtemps la supériorité du modèle économique occidental et connaît mieux les rouages du système capitaliste que la plupart des économistes français ou anglais.

Conscient des opportunités qui s'offrent à lui, il renoue le contact avec ses anciennes cibles à l'Ouest et se fait embaucher par un monument de la finance allemande qu'il a jadis espionné : la Dresdner Bank. Il propose un plan simple à la direction : se ruer à la conquête de l'Est, être la première banque à prendre pied sur le prometteur marché russe. Ses nouveaux patrons sont enthousiastes et, quelques mois après son recrutement, il ouvre les bureaux de la Dresdner à Saint-Pétersbourg, dans les anciens locaux de l'ambassade allemande auprès des tsars. Warnig prend la tête de la filiale locale, qui va vite devenir l'une des principales portes d'entrée des investisseurs allemands en Russie.

C'est à cet instant qu'il rencontre *officiellement* Vladimir Poutine. Le « résident » de Dresde est devenu chef du comité des affaires internationales de la mairie de Saint-Pétersbourg. Il a la haute main sur les investissements étrangers dans la ville et toute implantation locale d'entreprise occidentale passe par son bureau. Poutine autorise Warnig à ouvrir la première institution financière européenne sur le sol russe et les deux hommes « deviennent » vite très proches. Lorsque la femme de Poutine a un grave accident de voiture en 1993, c'est Warnig qui organise son transfert en Allemagne aux frais de la Dresdner. Il fait désormais partie de la famille. Et du clan.

Vladimir Poutine a constitué autour de lui une bande d'« anciens » agents du KGB[1] reconvertis dans le business ou l'administration civile. Warnig apporte

1. Nul ne sait qui, parmi ces Kgébistes, a réellement démissionné en 1991 ou simplement feint de le faire et nul ne le saura sans doute jamais.

une caution européenne et des capitaux légitimes à leurs projets et, en retour, ils offrent leur protection aux investisseurs occidentaux introduits par l'Allemand.

La Russie est alors un gigantesque far west : tout y est possible, à condition d'avoir les bonnes connexions. Grâce à Poutine et à ses hommes, Warnig garantit aux grands groupes européens la sécurité et la tranquillité d'esprit nécessaires au business. Il s'impose comme un personnage central des relations commerciales germano-russes en plein essor et son carnet d'adresses en Allemagne ne cesse de s'étoffer. Mais c'est l'arrivée au Kremlin de son ami Poutine, le 31 décembre 1999, qui fait changer sa carrière de nature et de dimension.

Lorsque le clan poutinien décide de faire main basse sur l'ensemble de l'économie russe, la Dresdner apporte sa caution. Elle participe notamment à l'un des plus grands hold-up de l'histoire contemporaine : l'assaut des nouveaux maîtres de la Russie contre le géant pétrolier Ioukos et son patron, Mikhaïl Khodorkovski, coupable d'une trop grande indépendance à leur égard. Khodorkovski est envoyé au bagne et Ioukos est démantelé, puis absorbé pan par pan par Rosneft, entreprise dirigée par Igor Setchine, l'ancien secrétaire de Poutine à la mairie de Saint-Pétersbourg.

Warnig est tellement intégré au clan qu'il est nommé dans la foulée à la tête de la banque Rossiya. Cette institution a une place à part dans le monde de Poutine. Trois de ses proches – Vladimir Iakounine, Andréï Foursenko et Iouri Kovaltchouk – l'ont rachetée au début des années 1990 alors qu'elle ne pesait pas grand-chose et en ont fait le pot commun – l'*obchtchak* – du clan. Elle devient après la prise du pouvoir la caisse noire du régime. Elle absorbe Gazprombank – la troisième banque du pays – pour un prix dérisoire et multiplie les acquisitions « miraculeuses » d'actifs lâchés par leurs propriétaires pour une bouchée de pain en échange de leur liberté ou simplement de leur survie. L'*obchtchak* Rossiya se métastase dans l'ensemble de l'économie russe comme une tumeur cancéreuse et finance les activités secrètes du régime aussi bien que les dépenses personnelles des membres du clan.

Contrôlant tous les leviers politiques, énergétiques et financiers russes, Poutine lance la plus grande opération d'ingérence de l'histoire récente : la pénétration et la corruption des démocraties européennes. Warnig est l'un des personnages clés de cette histoire. Il n'est plus l'homme qui ouvre les portes de la Russie aux capitalistes européens, mais l'homme qui ouvre les portes de l'Europe à la kleptocratie russe. Il intègre la direction des plus grandes entreprises du pays – toutes aux ordres du Kremlin – et orchestre leur shopping au sein de nos élites politiques et économiques. Des dizaines d'anciens chefs de gouvernement, ministres ou capitaines d'industrie sont recrutés par leurs conseils d'administration. Les fonds à disposition sont sans limites et la mission de Warnig est claire : acheter tout ce qui est achetable.

Son champ d'action est continental, mais c'est en Allemagne qu'il joue sa partition la plus importante. La principale économie européenne est aussi le premier partenaire commercial de la Russie et la cible n°1 du Kremlin. Le plan est simple : lancer une OPA sur le système énergétique allemand. La RFA importe certes beaucoup d'hydrocarbures soviétiques depuis les années 1970, mais il s'agit d'autre chose cette fois : il s'agit de rendre l'Allemagne totalement dépendante du gaz russe. Poutine et Warnig disposent à cette fin d'un atout maître : le chancelier social-démocrate Gerhard Schröder.

À la tête de sa coalition rouge-verte, il vient d'imposer l'accord de sortie du nucléaire à un patronat récalcitrant. Pour convaincre les industriels d'enterrer la hache de guerre, il leur promet une énergie de substitution stable et peu chère : le gaz. Voilà précisément ce que lui offrent Poutine et Warnig, en quantité illimitée. Le partenariat noué par ces trois hommes va lier de façon consubstantielle la croissance économique allemande et l'affirmation des ambitions stratégiques russes. Schröder ne se contente pas de planifier l'abandon du nucléaire, il refuse aussi de doter son pays de terminaux méthaniers et construit donc méthodiquement l'addiction allemande au gaz de Poutine.

Pour que ce pacte énergétique se transforme en révolution géopolitique, il faut court-circuiter les intermédiaires, en premier lieu l'Ukraine et la Pologne, nations par lesquelles transitent les pipelines qui abreuvent l'Europe d'hydrocarbures russes. Le Kremlin considère Varsovie comme un adversaire et s'inquiète déjà des volontés d'émancipation de Kyiv : il faut les priver de leur rôle dans l'approvisionnement énergétique de notre continent, les isoler et les exposer. Le chancelier Schröder sacrifie sans états d'âme les intérêts vitaux polonais ou ukrainiens et met sur orbite le plus long gazoduc sous-marin au monde (1 224 kilomètres), reliant directement Portovaïa en Russie à Lubmin en Allemagne. Ce projet est le chef-d'œuvre des trois hommes de la photo du palais Youssoupov. Il sera baptisé Nord Stream.

Le 8 septembre 2005, dix jours avant une défaite de plus en plus certaine aux élections, Gerhard Schröder organise en toute hâte la cérémonie officielle de lancement du projet Nord Stream, en présence de Vladimir Poutine. Il s'agit de le rendre irréversible alors que la victoire de la CDU d'Angela Merkel, réputée moins sensible aux sirènes russes, se profile à l'horizon. Dans cette affaire décisive pour les équilibres stratégiques du continent, l'Union européenne n'existe pas : Berlin et Moscou (pour être plus précis : Schröder et Poutine personnellement) négocient bilatéralement et décident de tout sans jamais en référer à Bruxelles. L'impératif européen qui structurait la politique allemande, de Konrad Adenauer à Helmut Kohl en passant par Helmut Schmidt ou Willy Brandt, est balancé par-dessus bord sans débat, ni émoi.

Gerhard Schröder perd les élections comme prévu dix jours après la cérémonie. Loin d'entrer en dépression, il déclare vouloir « enfin faire de l'argent ». Quelques semaines plus tard, il est propulsé à la tête du *board* de Nord Stream, dont le PDG n'est autre que… Matthias Warnig. La rapidité avec laquelle il passe du statut de chancelier à celui de salarié de Gazprom (actionnaire majoritaire du consortium) fait grincer des dents outre-Rhin. Mais il n'y a ni remise en cause de Nord Stream, ni commission d'enquête sur la manière dont il a été lancé. Quelques articles critiques, quelques attaques publiques et c'est tout. Un chancelier peut donc engager son pays dans un projet aussi explosif et, sitôt son mandat fini, partir travailler pour les principaux bénéficiaires de ses choix controversés sans susciter de réaction institutionnelle majeure dans cette démocratie exemplaire qu'est censée être l'Allemagne.

En faisant cela, Gerhard Schröder ouvre une porte à travers laquelle s'engouffreront des dizaines de dirigeants du Vieux Continent. Un terme voit le jour en Russie : la *schröderizatsiya*, la « schröderisation » des élites européennes, c'est-à-dire la transformation de notre classe politique en supermarché dans lequel le Kremlin et ses mastodontes énergétiques, industriels ou bancaires peuvent faire leurs courses en toute quiétude. Le système russe devenant un pourvoyeur officiel de retraites dorées pour nos gouvernants, comment garantir que la perspective d'une future collaboration grassement rémunérée n'entre pas en ligne de compte lorsqu'ils sont au pouvoir et décident de l'attitude à adopter vis-à-vis de la Russie ?

Suicide au gaz

Nord Stream est inauguré en fanfare à Lubmin le 8 novembre 2011. Sur la photo du baptême, on voit la chancelière allemande, Angela Merkel, le « président » russe, Dmitri Medvedev (Poutine, désormais Premier ministre, a laissé son ancien collaborateur de la mairie de Saint-Pétersbourg assurer l'intérim entre ses deuxième et troisième présidences tout en conservant tous les pouvoirs), le Premier ministre néerlandais, Mark Rutte, et le Premier ministre français, François Fillon, célébrer, hilares, leurs noces gazières en ouvrant symboliquement les vannes du pipeline. La chancelière Merkel prononce alors des mots qui résonnent étrangement aujourd'hui : «Avec ce projet, nous montrons à quel point nous croyons dans un partenariat sûr et résilient avec la Russie.»

Gerhard Schröder et Matthias Warnig sont sur le cliché, bien entendu. Ils sourient et savourent, légèrement à la marge. Mais ils savent, eux, que l'essentiel ne se joue déjà plus là. Ils ont inauguré Nord Stream quelques semaines auparavant du côté russe, dans une cérémonie plus discrète avec leur ami et employeur Poutine. Et ils ont conscience que leur mission n'est pas accomplie : les immenses capacités du gazoduc – 55 milliards de mètres cubes de gaz par an – sont encore trop limitées pour satisfaire l'ensemble de la consommation allemande, sans parler de celle de l'Europe occidentale en général, laissant ouvertes la possibilité de fournisseurs alternatifs et la question du transit par l'Ukraine et la Pologne. Pour atteindre leurs objectifs stratégiques – rendre l'Allemagne *totalement* dépendante, l'Ukraine *totalement* exposée et la Pologne *totalement* marginalisée – il faut aller plus loin. Ils commencent donc immédiatement leur lobbying pour qu'un second pipeline sous-marin voie le jour : Nord Stream 2.

C'est là qu'on saisit l'influence d'anciens dirigeants comme Schröder et le danger de les laisser mettre leurs réseaux et leur connaissance intime des rouages comme des secrets de nos États au service d'intérêts étrangers potentiellement hostiles. L'ex-chancelier n'est certes plus au pouvoir, mais il peut compter sur des alliés fidèles au cœur de la grande coalition CDU-SPD formée par Angela Merkel en 2013, à commencer par le ministre de l'Économie, Sigmar Gabriel, et le ministre des Affaires étrangères, Frank-Walter Steinmeier, deux sociaux-démocrates de Basse-Saxe, comme lui. Steinmeier a travaillé sous son autorité quand il était gouverneur du Land dans les années 1990 avant de le suivre à Berlin lorsqu'il a été élu chancelier, et Gabriel lui a succédé à la tête de la Basse-Saxe. Poussés par leur ancien patron, ils vont œuvrer à lever les réticences de ceux qui, comme le conseiller à la sécurité d'Angela Merkel, Christoph Heusgen, alertent au sein du système allemand sur les risques géopolitiques liés à Nord Stream 2.

Selon les registres de transparence, de nombreuses rencontres ont lieu entre Gabriel, Steinmeier, Schröder et Warnig. Le patronat – qui a vécu une lune de miel avec l'ancien chancelier « réformateur » et a besoin de toujours plus de gaz – et les syndicats

– structurellement liés au SPD et développant grâce à la cogestion un patriotisme d'entreprise qui les conduit souvent à épouser les vues du patronat – sont mis à contribution pour convaincre Angela Merkel de soutenir le projet. Comme souvent, les inquiétudes des géopoliticiens comme Heusgen pèsent peu face aux demandes des lobbys et, en juin 2015, la chancelière approuve officiellement Nord Stream 2. Doublant les capacités de son prédécesseur, ce nouveau pipeline doit faire passer les importations de gaz russe sous la Baltique de 55 à 110 milliards de mètres cubes par an.

Au moment de lancer Nord Stream 1 en 2005, les dirigeants allemands célébraient l'interdépendance énergétique comme la garantie d'une paix perpétuelle avec la Russie. Dix ans plus tard, après le démembrement de la Géorgie et la première invasion de l'Ukraine, ils justifient Nord Stream 2 par des discours dits « pragmatiques » sur la nécessaire « compartimentation » des questions commerciales et géopolitiques, c'est-à-dire la séparation du business et de la politique. Schröder prétendait que le commerce allait démocratiser la Russie, Merkel affirme au contraire que le commerce n'a rien à voir avec la politique. Les arguments ont changé du tout au tout, mais le choix reste le même : construire des gazoducs, passer outre les récriminations des alliés, œuvrer sans relâche à la dépendance de l'Allemagne – et celle de l'Union européenne en général – aux hydrocarbures russes. L'écrasante majorité de la classe dirigeante allemande, régionale et fédérale, politique et économique, ne voit pas le problème.

Le gouvernement Merkel va plus loin que le lancement d'un nouveau gazoduc : il autorise la même année Gazprom à acheter sa plus grande réserve stratégique de gaz. Non seulement l'Allemagne transforme la Russie en fournisseur quasi exclusif de son énergie, mais elle lui confie en plus la gestion d'une partie de ses stocks sur son propre territoire. Notons que ces décisions qui semblent aujourd'hui surréalistes sont prises après l'annexion officielle de la Crimée (l'annexion par la force d'un territoire n'était plus arrivée en Europe depuis la fin de la Seconde Guerre mondiale), après le déclenchement de la guerre dans le Donbass et après les (timides) sanctions européennes et américaines visant le régime russe. L'industrie allemande est ravie et Gerhard Schröder peut remercier publiquement Angela Merkel de ne pas céder à la « spirale de la confrontation » et de « maintenir les liens avec la Russie ».

Le pacte germano-russe est même étendu à d'autres pays d'Europe de l'Ouest. Le 24 avril 2017, les dirigeants de Gazprom et de cinq compagnies européennes – Engie, Shell, OMV, Uniper et Wintershall Dea – sont réunis à Paris pour lancer officiellement

Nord Stream 2 et signer le protocole d'investissement de 10 milliards d'euros pour sa construction. Les gouvernements français, néerlandais ou autrichien rallient l'entreprise russe de démantèlement de la sécurité collective européenne. Sans surprise, Matthias Warnig devient le PDG du nouveau consortium international et Gerhard Schröder prend la tête de son *board*. Ni les protestations des pays d'Europe centrale, ni les résolutions du Parlement européen, ni les condamnations du Congrès américain ne semblent en mesure de faire dérailler le train d'une politique énergétique pilotée par deux Allemands payés par les Russes.

Totalement méprisée à Paris et à Berlin, consciente que Bruxelles n'a pas son mot à dire, Varsovie appelle alors Washington à l'aide. Les États-Unis prennent en 2019 des premières sanctions contre Nord Stream 2 et les entreprises liées à sa construction. Ces mesures ralentissent, puis bloquent les travaux alors qu'il ne reste que quelques tronçons à construire. Warnig, qui n'est pas homme à se laisser abattre, se met en quête d'une solution pour finir le job. Par une belle journée d'août 2020, il arrive à la chancellerie du Land de Mecklenbourg-Poméranie Occidentale, la région d'arrivée de Nord Stream, dans laquelle Gazprom finance absolument tout, des clubs de foot aux festivals de musique. Il a un bouquet de tournesols dans les mains et une idée en tête : la création d'un organisme public reprenant la construction du pipeline des mains d'entreprises privées, trop faciles à sanctionner. Le pari est que les Américains n'oseront pas s'attaquer à une fondation publique allemande.

En janvier 2021, la création de la Fondation pour la protection du climat et de l'environnement (sic) est votée par l'Assemblée de Mecklenbourg-Poméranie Occidentale. Aux 200 000 euros de fonds publics s'ajoutent d'emblée 20 millions du consortium Nord Stream 2 (le chiffre réel atteint vite 200 millions d'euros). La mission officielle de la fondation ? La défense du climat, la promotion des énergies renouvelables et, évidemment, du gaz comme « énergie de transition vers un avenir décarboné ». La réalité de l'activité ? La construction d'un pipeline sous-marin. Quelques dizaines de milliers d'euros sont consacrés à la plantation d'arbres et à l'organisation de concours dans les écoles autour du thème magnifique « Comment rendre l'école plus écologique ». Le reste de l'argent sert aux travaux de Nord Stream 2. Peut-on imaginer quelque chose de plus cynique qu'une fondation pour le climat construisant un immense gazoduc ?[1] En tout cas, le pari fonctionne :

1. Pourquoi, après tout, ne pas confier la construction d'un gazoduc géant à une fondation pour le climat ? Gazprom est bien la troisième entreprise la plus émettrice de gaz à effet de serre au monde derrière Saudi Aramco

l'administration Biden recule et le dernier tronçon est achevé le 10 septembre 2021. Six mois avant l'invasion totale de l'Ukraine, notre trio du palais Youssoupov a accompli sa mission.

Entendons-nous bien : un gouvernement peut parfaitement décider d'abandonner le nucléaire, de miser sur le gaz russe et de construire des gazoducs sous-marins bouleversant les équilibres géopolitiques européens. Mais quand les dirigeants qui font ces choix (comme le chancelier Schröder) ou les hauts fonctionnaires qui les mettent en œuvre (comme Marion Scheller, directrice du département de la politique énergétique du ministère de l'Économie, passée directement chez Gazprom) se retrouvent ensuite salariés par les principaux bénéficiaires de ces choix, cela pose un problème démocratique majeur.

Or l'Europe entière a payé le prix de ces décisions prises dans des conditions si troublantes. Lorsque Vladimir Poutine lance ses troupes à l'assaut de l'Ukraine le 24 février 2022, l'Allemagne dépend à plus de 50 % du gaz russe et les stocks stratégiques qu'elle a vendus ont été méthodiquement vidés par

et China Energy, et cela ne l'empêche pas d'être profondément « préoccupée » par le vivant et de multiplier les initiatives de *greenwashing* à travers l'Europe. Son programme Football for Friendship (qui a touché 5 millions de jeunes à travers 200 pays) demande ainsi aux enfants de baptiser leurs équipes du nom d'un animal menacé d'extinction par le dérèglement climatique.

Gazprom dans les mois qui précèdent l'invasion. L'embargo sur les hydrocarbures demandé par notre Parlement est donc repoussé à plus tard et les importations – en valeur, mais aussi en quantité : il fallait bien reconstituer les stocks ! – augmentent dans les premiers mois de la guerre. Selon Eurostat, les importations européennes de Russie de janvier à août 2022 se sont accrues, en valeur, de plus de 60 % par rapport à la même période en 2021. Le constat est terrible : avant de parvenir à se défaire de sa dépendance gazière, l'Europe a financé pendant six mois l'effort de guerre russe contre l'Ukraine à hauteur de 800 millions d'euros par jour. Voilà le résultat des actions de Matthias Warnig et de Gerhard Schröder[1].

1. Il était pourtant clair dès l'origine que l'énergie était une arme géopolitique. L'écrivain impérialiste Alexandre Prokhanov décrit lyriquement la vision russe du « partenariat » énergétique russo-européen : « Poutine est le patriarche du gaz. C'est par sa volonté que la grandiose civilisation du gaz de la Russie a été créée. Il étend ses tuyaux de l'Atlantique au Pacifique. Il lui suffit de froncer un sourcil : les prix du gaz montent en flèche et les usines européennes s'arrêtent. Il fronce l'autre sourcil : les prix baissent et l'Europe remercie Dieu de la miséricorde du patriarche russe ». Avec moins d'emphase, l'agence de presse officielle Ria Novosti assène au moment des débats autour de Nord Stream 2 : « Remplir les caisses de l'État n'est qu'une des tâches assignées à Gazprom. » Il y a quelque chose de plus important que l'argent du gaz dans la tête des dirigeants russes : la domination géopolitique par le gaz. (In Coll., *Le livre noir de Vladimir Poutine*, Robert Laffont/Perrin, 2022).

La « Harrods Democracy »

Cette histoire n'est pas spécifiquement allemande.

C'est l'histoire de Hans Jörg Schelling, ministre autrichien des Finances, qui a supervisé la participation de l'État dans la société énergétique OMV pour l'aider à investir dans Nord Stream 2 et qui est parti ensuite travailler pour Gazprom lui aussi. C'est l'histoire de sa compatriote, la ministre des Affaires étrangères Karin Kneissl, qui, elle, a été recrutée par le géant pétrolier Rosneft. C'est l'histoire du chancelier social-démocrate Christian Kern, qui a rejoint le conseil de surveillance des chemins de fer russes de l'oligarque Vladimir Iakounine, ou de son successeur conservateur Wolfgang Schüssel qui a, lui, intégré le *board* de Lukoil. C'est une histoire qui se moque des appartenances partisanes et des frontières nationales.

C'est l'histoire du Premier ministre finlandais centriste Esko Aho, qui rejoint le *board* de Sberbank, la plus grande banque russe, alors même que la Russie est désignée comme la principale menace militaire pesant sur la Finlande, et que l'intrusion de l'argent du Kremlin est considérée comme un danger pour la sécurité nationale par les services intérieurs finlandais.

C'est l'histoire du Premier ministre français conservateur François Fillon, qui s'engage en 2021 pour l'entreprise pétrolière Zarubezhneft et le groupe pétrochimique Sibur de Guennadi Timtchenko, proche parmi les proches de Poutine, alors même que la Russie s'est ingérée dans l'élection présidentielle de 2017, a multiplié les cyberattaques contre nos hôpitaux pendant la pandémie et a lancé une offensive tous azimuts contre la présence française en Afrique, mettant directement en danger nos soldats au Mali. L'histoire, donc, d'un dirigeant qui se dit gaulliste et se montre prêt à s'asseoir sur les intérêts stratégiques de notre nation pour de l'argent[1].

C'est l'histoire, de l'autre côté de la Manche, de la campagne du Brexit et de son principal financier, l'ultra-réactionnaire Arron Banks. Au bord de la faillite un an avant, cet entrepreneur intimement lié à la Russie (sa femme est russe et le copropriétaire de son consortium, Manx Financial Group, Jim Mellon, a longtemps travaillé avec le Fonds souverain russe) refait mystérieusement fortune et devient le plus gros donateur de tous les temps de la politique anglaise avec les 9,6 millions de livres qu'il offre à la campagne du *Leave*. Le montage financier à la source

1. Après l'invasion russe en Ukraine, le 24 février 2022, sous la pression de l'opinion publique, François Fillon a annoncé le 25 février 2022 sa démission des conseils d'administration de Sibur et Zarubezhneft. Esko Aho, Christian Kern et Wolfgang Schüssel ont aussi démissionné de leurs postes au lendemain de l'invasion. Karin Kneissl, elle, s'est retirée en mai 2022.

du don illustre l'opacité de la finance internationale et la faiblesse des défenses immunitaires de nos démocraties face à l'argent «noir» ou «gris» (non traçable). Nous ne savons pas aujourd'hui d'où viennent exactement ces fonds, mais l'audition de Banks par la commission du Parlement britannique en charge d'enquêter sur la campagne référendaire permet de saisir l'ampleur du problème auquel nos systèmes politiques sont confrontés. À un moment, embourbé dans des explications fumeuses, le généreux donateur du Brexit s'énerve :

«Je sais que vous êtes tous des *Remainers*... Tous les *Remainers*, levez la main ! Vous avez un intérêt direct à essayer de discréditer la campagne du Brexit. Quand je vois que vous n'avez appelé aucun témoin de la campagne du *Remain*... Alors que je suis assis ici devant vous, vous avez George Osborne... il est rédacteur en chef de l'*Evening Standard* [...]. Le type qui dirige la campagne *Remain* travaille pour un oligarque poutinien à Londres : si vous ne voyez pas qu'il y a deux poids deux mesures ici, je ne sais pas quoi vous dire !»

Le régime russe, cherchant par tous les moyens à affaiblir l'Union européenne, n'avait aucun intérêt à financer la campagne du *Remain* et ne l'a pas fait, mais Arron Banks a raison sur un point : George

Osborne, grande figure des anti-Brexit, est bien rédacteur en chef de l'*Evening Standard*, qui est en effet, depuis 2009, la propriété du milliardaire russe et ancien agent du KGB Alexandre Lebedev. Accusé de collusion avec la Russie, Banks répond que c'est le cas de tout le monde à Londres. Et il est difficile de lui donner totalement tort : la capitale anglaise, ville phare de la globalisation financière, est devenue un paradis pour milliardaires russes dans les années 2000.

C'est l'histoire de *Londongrad* et du débarquement en fanfare, dans les années 2000, des oligarques russes dans la capitale britannique. Le gouvernement de Tony Blair a vivement encouragé l'ouverture aux capitaux post-soviétiques et des milliards de livres sterling se sont mis à pleuvoir sur la Tamise. Les introductions en Bourse de Rosneft (10 milliards de dollars d'actions) en 2006, après le dépeçage de Ioukos, puis de la banque VTB (8,2 milliards) en 2007 ont officialisé les amours du capitalisme britannique et des anciens Kgébistes. Les agents immobiliers, les cabinets d'avocats, les communicants, les partis et les médias, toute la bonne société londonienne est devenue accro à l'argent des oligarques.

Or il ne s'agit pas simplement de milliardaires, mais de pions au service du régime. Sergueï Pougatchev, le « banquier du Kremlin » tombé en disgrâce, l'explique clairement : « Ils reçoivent tous des appels pour envoyer l'argent à tel ou tel endroit. Ils disent tous "Nous le donnerons. De quoi d'autre avez-vous besoin ?" C'est le système. Tout dépend du leader, parce qu'il a un pouvoir illimité. Tous sont prêts à travailler selon ces règles. »[1] Leur argent est à disposition du Tsar car celui-ci peut à tout moment leur prendre. Ou bien leur ôter la vie. Bernard Arnault et Bill Gates font ce qu'ils veulent de leur fortune. Ce n'est pas le cas des oligarques russes. Car leur fortune n'est pas tout à fait à eux. Les rebelles envoyés au bagne, mystérieusement tombés par la fenêtre ou étrangement suicidés sans lettre d'adieu sont là pour leur rappeler à qui appartiennent en dernière instance les montagnes de cash qu'ils ont amassées.

C'est l'histoire de cette « *Harrods democracy* » – du nom du grand magasin londonien dont raffolent les oligarques russes et autour duquel ils ont acheté leurs maisons – qui pense que l'argent n'a pas d'odeur et ne comprend pas qu'il peut n'être qu'un moyen au service d'une fin. C'est l'histoire de l'utilisation par une tyrannie étrangère de la dérégulation financière orchestrée par les dirigeants de nos démocraties. Le National Bureau of Economics Research des États-

1. In Catherine Belton, *Les Hommes de Poutine*, Talent Éditions, 2022.

Unis affirme, dans un rapport dont Thomas Piketty fut l'un des auteurs, que près de 800 milliards de dollars ont été dissimulés à l'étranger depuis l'effondrement de l'URSS, soit plus que la richesse détenue par l'ensemble de la population russe dans le pays. Dans une interview d'adieux au journal *Vedomosti* en 2013, le patron de la Banque centrale russe Sergueï Ignatiev estime que 49 milliards de dollars ont fui le pays pour la seule année 2012 et il ose faire allusion au système de blanchiment mis en place, reposant sur des entreprises « amies » toutes liées les unes aux autres : « Cela donne l'impression qu'elles sont toutes contrôlées par un seul groupe organisé d'individus ». Ignatiev n'ira pas plus loin. Il se souvient qu'un banquier central adjoint, Andreï Kozlov, s'y est essayé quelques années plus tôt et a été abattu en pleine rue.

Sous les radars, des milliards de dollars venant de Russie se promènent à travers le monde, profitant de l'existence des paradis fiscaux et de l'opacité de la finance internationale. C'est l'histoire de démocraties qui, en démantelant les régulations qui protégeaient leurs marchés intérieurs et en laissant s'effacer les frontières entre l'intérêt général et les intérêts particuliers, ont ouvert leurs portes à des kleptocrates cherchant à les détruire. Et ce n'est pas une histoire simplement européenne…

La roulette russe

Au début des années 1990, ses investissements délirants dans le Taj Mahal, casino gigantesque d'Atlantic City dégoulinant d'or et de marbre, conduisent Donald Trump à la faillite. Il frôle les 5 milliards de dollars de dettes, avec près de 1 milliard de garanties personnelles. Désignant un sans-abri croisé dans les rues de New York, il dit à sa femme : « Cet homme a 900 millions de plus que moi ». Soudain, un « miracle » arrive. Son casino ruineux trouve de nouveaux investisseurs et Trump fait son come-back.

En y regardant de plus près, on aperçoit l'ombre de fées étranges autour de ce « miracle ». On croise Tamir Sapir, Géorgien devenu milliardaire grâce aux licences d'exportation de pétrole que lui réservait le KGB, Sam Kislin, immigré d'Odessa qui a fait fortune avec lui, Tewfik Arif, ex-responsable du commerce extérieur soviétique, et Aras Agalarov, ancien cadre communiste de la République d'Azerbaïdjan reconverti dans l'import-export. Tous sont des acteurs clés du blanchiment de l'argent noir du KGB selon Youri Shvets, ancien officier des renseignements soviétiques qui affirme sans ambages : « Ils ont clairement sauvé Trump de la faillite[1]. »

---

1. Catherine Belton, *op.cit.*

Les relations nouées à cette époque vont durer. Sapir et Kislin cofinancent par exemple la construction de la Trump Tower du quartier de SoHo à Manhattan (devenue aujourd'hui le Dominick Hotel). Agalarov organise le concours de Miss Univers (propriété de Trump) en 2013 à Moscou et verse 20 millions de dollars au magnat américain pour venir animer la soirée. Arif, lui, s'associe à un homme condamné en 1998 par la justice américaine pour ses liens avec la mafia russe, Felix Sater, afin de créer une société de promotion immobilière, Bayrock Group, qu'ils installent dans la Trump Tower de la Cinquième Avenue, un étage en dessous du siège de la Trump Organization. Ils proposent alors un deal en or à leur prestigieux voisin : Bayrock finance la construction de projets immobiliers de luxe aux États-Unis ou ailleurs dans le monde et lui verse un pourcentage (18 %) pour avoir simplement le droit d'utiliser son nom[1].

Lorsque Donald Trump entame sa campagne présidentielle, le groupe d'affairistes liés au KGB est bien

1. D'autres bonnes fées russes apparaissent chaque fois que Donald Trump a un besoin criant de cash. Le magnat des engrais Dmitri Rybolovlev achète ainsi en juillet 2008, à un moment où le futur président américain flirte à nouveau avec la faillite, pour 95 millions de dollars le manoir que ce dernier possède à Palm Beach, une somme ridiculement élevée au vu des prix du marché. Rybolovlev permet à Trump de faire une plus-value de 56 millions de dollars et de se renflouer alors qu'il n'a strictement aucun intérêt pour ce manoir qu'il fera détruire avant de revendre, à perte évidemment, le terrain.

introduit dans la garde rapprochée du candidat. Felix Sater travaille étroitement avec Michael Cohen, avocat personnel et homme à tout faire de Trump, qu'il connaît depuis l'enfance et auquel il écrit en octobre 2015 (dans une lettre à propos d'un projet de Trump Tower à Moscou) : «Je ferai participer Poutine et nous ferons élire Donald[1].» Aras Agalarov organise, lui, la rencontre du 9 juin 2016, qui défraya ensuite la chronique, entre l'avocate russe Natalia Veselnitskaya et Donald Trump Jr – au cours de laquelle elle offre ses services pour collecter des informations sur Hillary Clinton. Dans la foulée de cette rencontre, Agalarov promet à l'équipe de Trump un «cadeau d'anniversaire important» le 14 juin. Quelques jours plus tard, la nouvelle tombe : les serveurs informatiques de la Convention nationale démocrate ont été piratés par un groupe de hackers russes, Guccifer 2.0, une émanation du GRU (le service de renseignement militaire russe) selon les renseignements américains. La suite est connue du monde entier : *Wikileaks* publie les e-mails hackés par les Russes et ces «révélations» jouent un rôle clé dans la victoire surprise de l'ancien propriétaire en faillite du casino Taj Mahal.

En août 2020, la commission du renseignement du Sénat américain publie un rapport établissant que des

1. «Trump Associate Boasted that Moscow Business Deal 'Will Get Donald Elected'», *The New York Times*, 28 août 2017.

espions russes ont activement soutenu la campagne de Trump. Dirigée par les républicains, cette commission bipartisane se penche notamment sur un nouveau protagoniste : Konstantin Kilimnik. C'est l'autre connexion russe de la campagne de Trump. Non plus ses propres réseaux des années 1990 et 2000, mais ceux de son directeur de campagne, Paul Manafort. Grande figure républicaine, Manafort a gagné des dizaines de millions d'euros (non déclarés, ce qui précipitera sa chute) en travaillant en Ukraine pour le président pro-russe Viktor Ianoukovitch. Il y a rencontré Kilimnik et n'a cessé depuis de collaborer avec lui. Y compris pendant la campagne présidentielle de 2016. Le rapport du Sénat détaille la manière dont les deux hommes communiquaient en pleine campagne, en utilisant des téléphones prépayés ou des messageries sécurisées, et identifie clairement Kilimnik comme un agent secret russe. « Pris dans son ensemble, le haut niveau d'accès de M. Manafort et sa volonté de partager des informations avec des individus considérés comme proches des services de renseignement russes, spécialement M. Kilimnik et des associés d'Oleg Deripaska[1], représentaient une grave menace », conclut la commission.

---

1. Oleg Deripaska est un oligarque russe très proche de Poutine. Il a tellement pénétré le système américain qu'il avait sur son *payroll* non seulement Paul Manafort, directeur de campagne de Trump, mais aussi

Le 9 novembre 2016 au matin, lorsque la victoire de Trump est confirmée, le Parlement russe interrompt ses travaux, tous les députés se lèvent et applaudissent à tout rompre. L'ultra-nationaliste Boris Chernyshov s'enthousiasme : « *Yes we did it*, oui nous l'avons fait ! » Le porte-parole du Kremlin, Dmitri Peskov, lâche dans un immense sourire : « C'est phénoménal ! » Un homme entouré depuis des décennies par des businessmen liés au KGB et ayant bénéficié pendant la campagne de l'aide active du Kremlin a été élu président des États-Unis. Pour prendre la mesure du danger que cela représente pour l'Europe elle-même, gardez en tête que nous dépendons de garanties de sécurité américaines au sein de l'Alliance atlantique et posez-vous ces questions simples : que se serait-il passé si Donald Trump avait été à la Maison Blanche au moment de l'invasion de l'Ukraine ? Quel soutien recevraient réellement les Européens de la part d'un Président aux liens si opaques avec la Russie en cas d'attaque militaire contre des pays membres de l'Union européenne et de l'OTAN comme les pays Baltes ? Le vertige engendré par ces questions souligne le risque vital que fait peser la corruption sur notre sécurité collective.

Charles McGonigal, officiel du FBI en charge du contre-espionnage et plus spécifiquement du dossier des ingérences russes pendant la campagne présidentielle de 2016. McGonigal sera arrêté le 21 janvier 2023 parce qu'il travaillait pour Deripaska…

Acte I : La Cité corrompue

Un élu ou un dirigeant qui se vend à une puissance étrangère bafoue nos institutions et piétine notre souveraineté. Mais ses agissements changent de nature lorsque ladite puissance s'attaque à nos intérêts vitaux et vise à déstabiliser ou à soumettre nos cités. La corruption devient alors de la trahison. Les chanceliers, ministres ou autres capitaines d'industrie européens qui se sont vendus au Kremlin n'ont pas simplement manqué de loyauté à nos Républiques, ils se sont mis au service de leur ennemi le plus dangereux. Pour le comprendre, il nous faut raconter l'histoire de la guerre menée par la Russie de Poutine contre nos démocraties, une guerre commencée il y a de nombreuses années déjà, une guerre que nous avons refusé de voir avant qu'elle nous saute au visage…

ACTE II

LA GUERRE CONTRE NOS DÉMOCRATIES

«Tas de pédés, rentrez chez vous ! Ce n'est pas l'Europe ici, c'est la Russie ! »

Il est minuit passé et le général Vyacheslav Borisov, chef de la 76e division aéroportée, est hors de lui. Nous sommes à un barrage militaire au cœur de la Géorgie, par une chaude nuit de l'été 2008. Le chaos règne aux alentours et les *kontratniki*, les mercenaires reconnaissables au brassard blanc qu'ils portent autour du bras, pillent tout ce qu'ils peuvent. Nous avons ordre de ne pas filmer. Le photographe Lionel Charrier, plus courageux que moi, sort son appareil. Un soudard s'approche de nous d'un air menaçant. Lionel appuie sur le déclencheur. La photo du soldat fera la une de *Libération*. Je me souviens encore du titre qui cinglait l'image de ce guerrier aux yeux injectés de haine : « Jusqu'où ira Poutine ? » Dans la tête du général Borisov en tout cas, il était clair qu'il irait loin, très loin. Il irait partout où la Russie avait été dans le passé : «Nous étions là jadis, vous nous avez chassés, nous revenons.»

Je voulais filmer l'invasion de la Géorgie dans le cadre d'un projet de série documentaire sur le régime russe. Mais à cet instant précis, en entendant ce général, un déclic s'est produit en moi : «Je resterai ici, tant qu'ils ne rentreront pas chez eux non plus.» J'ai regardé par terre le sac qui contenait ma caméra avec dépit. Je savais que les Européens de l'Ouest ne comprendraient pas, qu'ils n'étaient pas prêts à entendre et qu'un film de plus sur le Kremlin et ses guerres ne servirait à rien. Manon Loizeau et Nino Kirtadze en avaient fait de magnifiques, les journalistes comme Sophie Shihab, Isabelle Lasserre ou Nathalie Nougayrède multipliaient les reportages incroyables et les enquêtes magistrales sur les crimes du régime russe, mon père avait écrit des dizaines d'articles éloquents et publié des livres implacables pour alerter sur la menace que Poutine faisait peser sur l'Europe. Et quoi ? Toujours les mêmes compromissions, les mêmes illusions, la même cécité de nos élites.

Le problème n'était pas le manque d'informations, mais l'absence de volonté de les prendre en compte. Les élites françaises, allemandes ou italiennes n'avaient juste aucune intention de regarder la réalité en face. Il valait donc mieux être sur place et essayer d'aider les Géorgiens à résister. Je suis resté cinq ans à Tbilissi pour œuvrer à l'intégration européenne de la jeune République caucasienne. C'était pour moi la meilleure manière de travailler pour l'Europe, ses principes et ses intérêts. Malgré elle. Malgré ses dirigeants plutôt, et parfois même contre eux. J'ai tout fait pour expliquer à mes interlocuteurs bruxellois, parisiens ou berlinois que nos démocraties étaient les prochaines cibles, répétant inlassablement ces mots d'Anna Politkovskaïa que je n'avais pas crus en 2005. En vain. Quand on ne veut pas voir, on ne voit pas. Pourtant tout était là, sous nos yeux, depuis longtemps. Depuis le début…

« La guerre est notre idéologie nationale »

« Nous allumerons des incendies, nous répandrons des légendes ». Dans *Les Démons* de Dostoïevski, Nicolaï Vsévolodovitch Stavroguine annonce l'insurrection nihiliste : la cité doit brûler, physiquement et virtuellement. Dans les faits et dans les têtes. À coups de bombes et de *fake news*. « Pourquoi tous ces meurtres, ces scandales, ces violences ? Pour ébranler les bases de l'État, hâter la décomposition de la société, décourager tout le monde et introduire le désordre dans les esprits. Ensuite on s'emparera de cette société chaotique, malade, désemparée, cynique, sceptique, mais aspirant à se soumettre à une idée directrice quelconque». Les «scandales» symboliques et les «meurtres» réels participent du même projet : l'instauration du chaos.

Un siècle et demi plus tard et quelques jours seulement avant l'annexion officielle de la Crimée par la Fédération de Russie, Nathan Dubovitsky publie le 12 mars 2014 dans le magazine *Le Pionnier russe* une étrange nouvelle intitulée *Sans ciel*. C'est l'histoire de villageois sur la tête desquels le ciel est littéralement tombé lors de la dernière guerre mondiale – métaphore limpide des Russes à la chute de l'URSS. Privés d'étoiles, ayant «perdu le sens de la hauteur», ils sont obsédés par la ville voisine dont l'opulence et le calme font injure à leur misère et à leurs tourments. Pour détruire cette cité prétentieuse (l'Europe), les villageois créent une organisation secrète : «La Société». La nouvelle se termine à la veille de l'attaque finale par ces mots glaçants : «Nous allons venir demain. Nous allons conquérir ou périr. Il n'y a pas de troisième voie».

Lorsque paraît *Sans Ciel*, Nathan Dubovitsky a déjà publié un roman sulfureux, *Presque zéro*, adapté au théâtre par le célèbre metteur en scène Kirill Serebrennikov. Dubovitsky est donc loin d'être un inconnu. Mais Dubovitsky n'existe pas. Derrière ce pseudonyme se cache l'éminence grise du régime russe, l'homme qui a scénarisé la prise du pouvoir et les vingt premières années du règne de Vladimir Poutine. Avant de rejoindre l'administration présidentielle en 1999, il a fréquenté la scène culturelle avant-gardiste, a été garde du corps et gourou de la communication. Admirateur du poète Allen Ginsberg et du rappeur Tupac Shakur, dont la photo côtoie celle de Poutine sur son bureau, il dit s'inspirer des philosophes français postmodernes Lyotard et Derrida, dont il introduit des citations jusque dans les discours des députés les plus bourrus de la Douma. Son nom est Vladislav Sourkov.

Il met en musique la deuxième guerre exterminatrice de Tchétchénie alors qu'on lui attribue des origines tchétchènes. Il orchestre la campagne contre Mikhaïl Khodorkovski alors qu'il a été son garde du corps et son directeur de la communication. On retrouve sa trace derrière la disgrâce de Boris Berezovsky alors que celui-ci l'a fait venir au Kremlin. Il lance les « Nachi », ces jeunesses poutiniennes broyant dans des chiottes géants les livres jugés subversifs par le régime, alors qu'il voue un culte à la littérature d'avant-garde. Surnommé « le mage du Kremlin » par Giuliano da Empoli dans son roman éponyme, Vladislav Sourkov est sans doute la figure contemporaine la plus aboutie du nihilisme.

Obsédé par Hamlet, prince d'un monde déboussolé et d'un univers de faux-semblants, cherchant à brouiller les cartes en permanence, il ne choisit pas par hasard Kirill Serebrennikov, artiste à la réputation d'opposant, pour mettre en scène *Presque zéro*. Le journaliste Peter Pomerantsev décrit la première moscovite de la pièce dans un article lumineux de la *London Review of Books*[1] : alors que les huiles du régime se pressent dans la salle, des tirades ajoutées au dernier moment prennent à partie le « népotisme » et la « corruption » des spectateurs. Aucun des potentats n'ose moufter car nul ne sait si le « mage du Kremlin » a validé ces provocations ou non. Le but est toujours le même depuis Stavroguine : « Hâter la décomposition de la société, décourager tout le monde et introduire le désordre dans les esprits ». La machine de guerre informationnelle que Sourkov met en place en Russie avant de la lancer à l'assaut de nos démocraties ne vise pas à convaincre, mais à semer le doute et à couper toute relation avec la vérité.

« Nous allons venir demain. Nous allons conquérir ou périr. Il n'y a pas de troisième voie » : ces mots

1. Peter Pomerantsev, « Putins'Rasputin », *London Review of Books*, vol. 33 n° 20, octobre 2011.

résonnent différemment lorsque l'on sait que leur auteur est officiellement chargé par Poutine de démembrer l'Ukraine au moment où il les écrit. Sa nouvelle de 2014 livre la clé de compréhension de la guerre hybride lancée par le Kremlin contre nos démocraties. Les « incendies » déclenchés et les « légendes » colportées, les actes de terreur et les campagnes de manipulation de l'information, les violences et les outrances qui semblent a priori absurdes aux élites européennes servent en réalité un dessein parfaitement rationnel : l'exportation du chaos. Sourkov l'explique clairement, sans pseudonyme cette fois, dans un article paru dans la presse russe en novembre 2021 : « L'expansion du chaos à l'extérieur permet de remédier aux tensions intérieures. »

La volonté affichée de restaurer l'Empire déchu n'est pas simplement la quête d'une grandeur perdue. L'Empire n'est pas désiré parce qu'il apporterait enfin la paix et la stabilité à la Russie, mais pour la raison inverse : n'ayant pas de frontières claires, ne reconnaissant que des marges mouvantes, il est en état de guerre permanent. Le terme utilisé par la propagande officielle – « *Russky Mir* » ou « monde russe »[1] – souligne

1. En russe, *Mir* signifie à la fois « monde » et « paix », ce qui ajoute au trouble : la « paix » russe est une guerre permanente.

que la Russie est légitime à intervenir militairement dans chaque recoin du « monde russe ». Mais quelles sont les bornes géographiques de ce « monde russe » ? L'ex-URSS ? L'ancien bloc communiste dans son ensemble ? L'empire de Catherine II ? Chaque terre sur laquelle résident des Russes ? Partout où l'on parle la langue russe ? Ce « monde » n'a pas de limites précises ou plutôt il a les limites que lui fixe le Tsar en fonction de ses besoins du moment. Et la guerre devient donc une donnée constante pour les Russes et les nations qui sont décrétées appartenir à leur « monde ».

En novembre 2016, lors d'une cérémonie de la Société russe de géographie retransmise à la télévision, Vladimir Poutine demande à un écolier de 9 ans où se « terminent » les frontières de la Russie. L'enfant répond : « La Russie se termine au détroit de Béring. » Le Président sourit et le reprend : « C'est bien, mais les frontières de la Russie ne se terminent nulle part. » Tout est dit. Un véritable culte des « terres perdues » est mis en place sans que jamais ne soit spécifié quelles terres sont ou ne sont pas comprises comme « perdues ». Le néo-impérialisme qui structure l'idéologie officielle du régime est un révisionnisme géopolitique qui remet brutalement en cause les frontières du continent et donc toute l'architecture de sécurité européenne. Le Kremlin sait pertinemment, par exemple, que l'OTAN n'attaquera jamais militairement la Russie et que son élargissement vers l'Est stabilisera au contraire ses frontières. Mais c'est précisément le problème : il rejette l'idée même de frontière stable. Il ne redoute pas d'être acculé à la guerre par les Alliés, il redoute d'être contraint à la paix. Tout ce qui gèle la situation doit être dégelé, tout ce qui maintient la stabilité doit être battu en brèche. En ce sens, parler du retour de la mentalité de guerre froide en Russie est un raccourci erroné : il n'y a rien de statique ou de « froid » dans le poutinisme et la guerre qu'il promeut.

Notre histoire de corruption et de trahison est un drame bourgeois dans la langue des élites européennes du XXIe siècle, elle change de nature lorsqu'on la raconte en russe. Elle devient l'histoire d'une confrontation tragique, l'histoire d'une guerre commencée à Moscou en 1999 avec les attentats qui ont donné naissance au régime, poursuivie en Tchétchénie, en Géorgie, en Syrie et en Ukraine, une guerre dont « la ligne de front traverse chaque ville, chaque rue, chaque maison » selon Sourkov[1], et qui ne se limite pas à un territoire donné que nous pourrions aisément sacrifier au nom de « la paix ». Piotr Tolstoï, vice-président de la Douma, va jusqu'au

1. Interview à la télévision russe en 2004.

bout de la logique peu avant l'invasion du 24 février 2022 : « Chacun doit réaliser qu'une mobilisation et une guerre mondiale à mort nous attendent. Quelqu'un perdra son emploi, un autre son entreprise, beaucoup seront mutilés, encore plus de nos compatriotes seront emportés par la mort. La guerre est notre idéologie nationale.[1] »

« *La guerre est notre idéologie nationale* » : cette phrase invalide à elle seule tous les arguments de ceux qui espèrent encore que le conflit en cours n'est qu'une parenthèse. Je sais à quel point il est difficile de le comprendre à Paris, Londres ou Berlin, mais les dirigeants russes ne font pas la guerre pour obtenir des concessions territoriales ou géopolitiques. À leurs yeux, la guerre n'est pas le moyen d'atteindre une fin, elle est la fin elle-même. La fameuse phrase de Clausewitz – « La guerre est la continuation de la politique par d'autres moyens » – s'inverse dans la langue des maîtres de la Russie contemporaine : la politique est la continuation de la guerre par d'autres moyens. Ce qui est premier, c'est l'état de guerre. Chaque moment d'accalmie est une pause, chaque entente cordiale avec tel ou tel dirigeant occidental est une parenthèse ou une feinte. La confrontation est la norme.

1. www.kasparov.ru/material.php?id=625DC7B425FDE

La guerre est un « processus » – « la guerre était maintenant enfin comprise comme un processus », écrit Sourkov dans *Sans Ciel* – qui n'a ni déclaration de début, ni négociations de fin. Sa nature hybride (« non linéaire » est le terme de Sourkov) abolit les frontières classiques entre « temps de paix » et « temps de guerre », entre les affaires intérieures et les relations internationales, le dedans et le dehors, le réel et le virtuel. Elle se matérialise parfois en affrontement militaire comme en Géorgie ou en Ukraine, mais elle dépasse largement ce cadre traditionnel. Chaque recrutement de dirigeant européen par Gazprom ou Rosneft, chaque succès électoral d'un mouvement d'extrême droite parrainé par le Kremlin, chaque tronçon posé de Nord Stream, chaque *fake news* diffusée par la chaîne de télévision Russia Today, chaque cyberattaque contre nos institutions ou nos hôpitaux, chaque avancée des mercenaires de Wagner en Afrique sont vus par le Kremlin comme autant de batailles remportées dans la guerre qui l'oppose à l'Occident.

Jusqu'où peut aller ce « processus non linéaire » qu'est la guerre hybride lancée contre nos démocraties ? À propos d'un éventuel conflit nucléaire, Vladimir Poutine déclare en octobre 2018 devant le forum Valdaï qui réunit chaque année des représentants des élites russes et européennes : « Nous, en tant que martyrs, nous irons au paradis, et eux mourront tout simplement. Parce qu'ils n'auront même pas le temps de se repentir.» Poutine n'est pas assez religieux pour fonder sa stratégie géopolitique sur l'hypothèse de la vie après la mort. Mais il entend faire peur aux Européens présents et entretenir la psychose collective dans laquelle il plonge son peuple depuis des années. Depuis le 24 février 2022, l'apocalypse atomique est un thème récurrent du débat russe. À la télévision, les propagandistes expliquent avec gourmandise et minutie comment nos capitales seront rayées de la carte. Dans les églises, les popes font l'éloge de l'holocauste qui s'annonce. L'opposition «contrôlée» appelle à frapper sans attendre. Tous ces acteurs de théâtre ont comme mission d'alimenter sans cesse la perspective du grand conflit eschatologique avec l'Occident. Les villageois de *Sans Ciel* ne supportent leur misère qu'en ayant les yeux rivés sur l'objectif de l'anéantissement de la ville voisine. Il en va de même dans la société bâtie par Poutine et Sourkov : rêver à la destruction de Paris, Londres ou Berlin permet d'endurer la pauvreté, l'injustice ou l'oppression. «Nous allons venir demain. Nous allons conquérir ou périr. Il n'y a pas de troisième voie».

Le règne du crime

Cette histoire que Sourkov a largement contribué à écrire n'est pas à proprement parler la sienne. Il n'est pas personnellement nostalgique de l'époque soviétique et a un rapport intellectuel ou cynique au récit qu'il façonne. Pareille distance explique sans doute son étrange disgrâce en 2021, alors que se prépare dans l'ombre le grand acte ukrainien de la confrontation avec l'Occident.

L'histoire que Sourkov met en scène est d'abord celle de l'homme qu'il a servi pendant plus de vingt ans, un agent du KGB qui a vu son monde s'écrouler à la chute de l'URSS : l'histoire de Vladimir Poutine. Pour en saisir les ressorts tragiques, pour comprendre la guerre qui nous est menée, nous devons revenir à Dresde à la fin de l'année 1989.

Les manifestations populaires se multiplient à travers la RDA et la foule entoure dans chaque ville le siège de la Stasi, la police politique honnie. Alors que nous nous enthousiasmons en Europe de l'Ouest pour les « révolutions de velours » qui libèrent la moitié de notre continent, Vladimir Poutine et ses collègues vivent un cataclysme. Ils détruisent en toute hâte les archives du KGB. Des années plus tard, Poutine a raconté ces heures dramatiques dans son autobiographie, *Première Personne* : « Nous brûlions des papiers nuit et jour. Nous détruisions tout – toutes nos communications, toutes nos listes de contacts et d'agents. J'ai personnellement brûlé une masse énorme de documents. Nous brûlions tellement de choses que notre poêle a explosé. »

Un soir, des centaines de protestataires se dirigent vers le numéro 4 de la rue Angelika et l'encerclent. Poutine appelle des renforts pour protéger la villa du KGB. Le commandement militaire soviétique en RDA lui répond : « Nous ne pouvons rien faire sans ordre de Moscou. Et Moscou reste silencieux. » Cette phrase – « Moscou reste silencieux » – symbolise à ses yeux l'effondrement de son univers. Nous ne pouvons pas comprendre sa peur panique des « révolutions de couleur » et sa haine viscérale de l'Occident sans revenir à ces jours et ces nuits de Dresde : Poutine est un villageois de *Sans Ciel*, le ciel lui est littéralement tombé sur la tête à la fin de l'année 1989. En expliquant qu'il a « changé » et qu'au partenaire fiable de 2000 ou de 2010 a soudainement succédé un fou dangereux, nos ministres et nos éditorialistes cherchent juste à se dédouaner de leur si longue cécité. Poutine n'a pas « changé ». Il n'a jamais été un partenaire fiable et ses crimes actuels ne sont pas insensés. Tout ce qui arrive aujourd'hui était là, en germes, depuis le début. Son histoire est cohérente. De bout en bout.

Il la partage avec tous les piliers de son régime. Ces hommes gravitent autour de lui depuis les années 1990. C'est l'histoire d'Igor Setchine, patron de Rosneft, de Iouri Kovaltchouk, patron de la Bank Rossiya, de Guennadi Timtchenko, patron de Gunvor, de Vladimir Iakounine, ex-patron des chemins de fer... Tous ont des liens avec le KGB, viennent de Saint-Pétersbourg et sont devenus milliardaires à Moscou après l'arrivée au Kremlin de leur chef. C'est l'histoire d'un clan forgé au moment où l'Empire s'est désintégré et où l'État russe se décompose, par des hommes mûs par le même ressentiment et la même soif de pouvoir. C'est l'histoire des chalets cossus qu'ils se font construire ensemble sur les bords du lac Komsomolskoye, une coopérative de datchas qu'ils baptisent *Ozero*, un nom encore utilisé aujourd'hui par les initiés pour désigner le cercle d'intimes de Poutine, qui dirige la Russie d'une main de fer.

Dès le départ, le groupe *Ozero* se lie à un autre groupe, dont le nom a été consciencieusement effacé des tablettes, lui, pour ne pas perturber le récit officiel, mais dont l'impact se fait encore sentir dans la manière d'exercer le pouvoir à Moscou : le gang de Tanbov d'Ilya Traber et Vladimir Koumarine, grandes figures mafieuses pétersbourgeoises. La journaliste Catherine Belton décrit avec minutie dans *Les Hommes de Poutine* le pacte unissant les anciens agents du KGB reconvertis dans l'import/export ou l'administration civile et la mafia de Saint-Pétersbourg, pour prendre possession du port de la ville et de son terminal pétrolier – qu'elle qualifie de « point zéro d'une alliance entre le KGB et le crime organisé qui devait ensuite étendre son influence à toute la Russie[1] ». L'ascension du groupe *Ozero* est indissociable dans les années 1990 de celle du gang Tanbov. Cette expérience originelle déteint sur le comportement d'un chef d'État qui agit aujourd'hui sur la scène mondiale comme Traber et Koumarine agissaient hier dans les rues de Saint-Pétersbourg. En chef mafieux.

Le 24 septembre 1999, l'inconnu Vladimir Poutine, tout juste nommé Premier ministre, se révèle au monde lors d'une conférence de presse au Kazakhstan en déclarant à propos des « terroristes » tchétchènes : « Nous les poursuivrons partout. Dans un aéroport si c'est un aéroport. Et excusez-moi, si on les attrape dans les chiottes, on les butera jusque dans les chiottes ! » Il ne s'est jamais arrêté de parler ainsi depuis ce jour. Trois ans plus tard, il répond à un journaliste du *Monde* qui lui pose une question à Bruxelles sur les crimes de guerre russes en Tchétchénie : « Si vous voulez devenir islamiste et êtes prêt à vous faire circoncire, je vous invite à Moscou et je

1. Catherine Belton, *Les Hommes de Poutine*, Talent Éditions, 2022.

vous recommande de vous faire opérer de telle façon que rien ne repousse.» Le président de la Commission européenne, Romano Prodi, qui se tient à ses côtés en conférence de presse, reste impassible[1]. Provoquer son interlocuteur et lui faire baisser les yeux : le Tsar parle et agit comme un voyou. Lors de leur première entrevue au sommet du G8 de Heiligendamm en Allemagne le 7 juin 2007, Nicolas Sarkozy est tellement sonné par la violence de ses propos à huis clos qu'il titube et semble ivre lorsqu'il arrive en conférence de presse. En un face-à-face, le président français abandonne sa promesse électorale d'une politique plus offensive à l'égard du Kremlin et se transforme en allié fidèle.

Poutine dépasse volontairement toutes les bornes de la décence. Le 19 octobre 2006, il dit en riant au Premier ministre israélien, Ehud Olmert, à propos de Moshe Katsav, son président poursuivi pour viol : «Transmettez mes salutations à votre président ! Il s'avère que c'est un homme très puissant : il a violé dix femmes ! Je ne m'attendais pas à ça de sa part, il nous a tous surpris ! Nous sommes tous jaloux ! » La thématique des violences sexuelles est récurrente chez lui, comme chez les mafieux qu'il a fréquentés.

1. «Problème de traduction», dira ensuite Romano Prodi pour expliquer son manque de réaction.

Plus récemment, aux côtés d'Emmanuel Macron lors de leur conférence de presse conjointe du 7 février 2022 à Moscou, il déclare à propos de l'Ukraine : « Que oui ou non cela te plaise, à toi d'le supporter ma belle. » La maxime est tirée d'une satire populaire de la Belle au bois dormant : « Dans la tombe elle dort ma belle. / Je m'incline et je te baise / Que oui ou non cela te plaise / A toi d'le supporter ma belle. » Le viol est érigé en projet géopolitique. Le président français ne réagit pas plus que Romano Prodi vingt ans auparavant[1].

Ces saillies relèvent d'une vision du monde cohérente. Le 18 février 2022, l'inamovible ministre des Affaires étrangères Sergueï Lavrov déclare à propos de l'invasion imminente de l'Ukraine : « Nous ferons en sorte que tout se passe dans l'honneur. Je ne veux pas recourir à l'argot, mais nous, nous avons notre "conception" : le mec l'a dit, le mec l'a fait. Il faut au moins que les "conceptions" soient également respectées au niveau international. » Les « conceptions » – les *poniatia* – c'est ainsi que l'on désigne le « code d'honneur » des « voleurs dans la loi », les fameux *vor v zakone*. Les règles de la mafia russe doivent remplacer

1. À la différence de son homologue français, le président ukrainien comprend de quoi il retourne et il sait devoir réagir. Il répond le lendemain, toujours en présence d'Emmanuel Macron : « Oui l'Ukraine est belle, mais le recours au "ma" est de trop. »

le droit international. Peu après l'invasion, Lavrov se moque des dirigeants français et de leurs réactions aux attaques russes en reprenant une fois de plus les codes et les mots des « voleurs dans la loi » : « Ils aiment faire les coqs. Le coq est, si l'on peut dire, le symbole national des Français. Alors les Français font souvent les coqs... » Le coq, dans l'argot des bagnes russes, c'est le prisonnier jugé efféminé et transformé en esclave sexuel des « vrais hommes ». Ce langage illustre la véritable nature du projet poutinien telle que la définit le philosophe et expert des relations internationales Nicolas Tenzer : « Ce que Poutine cherche à établir, c'est l'extension du domaine du crime. Il se moque d'établir un contrôle durable ou un "Reich de mille ans" ; sa volonté est d'abord de montrer qu'il peut sans opposition majeure transformer le monde en un règne du non-droit, où tout est possible et dès lors permis.[1] »

La rencontre de la pègre et de la police politique, de la violence brute et de l'idéologie impérialiste n'est pas nouvelle. C'est l'histoire redondante du fascisme. Le metteur en scène allemand Fritz Lang déclarait à propos du *Testament du docteur Mabuse*, son chef-d'œuvre réalisé à la veille de la prise du

1. Nicolas Tenzer, « Poutine et l'offensive périphérique », In *Le Livre noir de Vladimir Poutine, ibid.*

pouvoir par Hitler et racontant la subversion d'une cité démocratique par un génie du crime : « J'ai voulu mettre dans la bouche d'un criminel les concepts de l'idéologie nazie, par exemple : il faut détruire la foi du citoyen dans le gouvernement qu'il a lui-même choisi pour que des ruines – du chaos – puisse naître un nouvel ordre social (dans le film je remplace cet "ordre" par : le règne du crime). » Par sa violence, physique comme verbale, et la mise en scène de cette violence, le fascisme ébranle les consciences, inhibe les résistances, rend la « matière humaine » malléable à volonté.

Die Herrschaft des Verbrechens (« le règne du crime ») : le titre du manifeste nihiliste de Mabuse livre la substantifique moelle de toute voyoucratie. Ce texte est un véritable manuel de subversion terroriste : « Il convient de terroriser l'âme humaine jusqu'en son tréfonds, par des crimes énigmatiques et apparemment gratuits, des crimes qui ne profitent à personne et dont l'unique but est de propager la terreur. Car l'ultime vocation de ces violences est d'instaurer le règne absolu du crime. Un état d'insécurité totale et d'anarchie, bâti sur la destruction des idéaux d'un monde voué à sa perte. Quand les hommes seront sous l'emprise de la terreur, glacés d'effroi, quand le chaos sera la loi universelle, alors commencera le règne du crime ! » Les bombes et les meurtres doivent susciter une telle psychose collective que les citoyens renoncent à leurs libertés et leurs droits pour se livrer corps et âme au criminel en chef.

Vladimir Poutine devient Premier ministre de la Fédération de Russie à la surprise générale en août 1999. Dans la foulée, des attentats aussi étranges que meurtriers frappent Moscou. Vite attribués aux « terroristes tchétchènes », ils ne seront jamais revendiqués par la moindre organisation indépendantiste ou djihadiste connue. Les médias russes, libres à cette époque, révèlent qu'une équipe du FSB (ex-KGB) a été arrêtée à Riazan en train de poser des sacs d'hexogène dans un immeuble d'habitation. Les défenseurs des droits de l'homme et de nombreux journalistes d'investigation accusent le pouvoir d'être à l'origine des explosions. La suspicion ne sera jamais levée. Mais peu importe, l'opinion russe est sous le choc et la deuxième guerre de Tchétchénie peut commencer. C'est cette guerre qui permet à Poutine d'asseoir son autorité, de supprimer les télévisions indépendantes, de réprimer l'opposition et de mettre en scène la violence du nouveau régime. Il ne suffit pas de tuer, il faut créer une chambre d'écho qui répercute le meurtre à l'infini. Des corps suppliciés revendus aux familles aux filles violées devant leurs proches, les crimes des soldats de Poutine sont autant de messages envoyés à la population tchétchène et aux Russes eux-mêmes : notre violence est sans limites, nous sommes capables de tout et rien ne nous arrêtera.

Dans ses *Essais sur le monde du crime*, l'immense écrivain rescapé du goulag Varlam Chalamov décrit le comportement de la pègre dans les camps et voit dans cette abolition des limites la marque de fabrique de la voyoucratie : «Toute la psychologie de la pègre repose sur une observation ancienne, séculaire, des truands : jamais leurs victimes ne commettront – ne peuvent même songer à commettre – les actes qu'ils se font, eux, un plaisir de perpétrer, le cœur léger et l'âme tranquille, chaque jour, à chaque instant. Là est leur force – dans une abjection sans bornes, dans l'absence de toute morale. Pour les truands, il n'y a rien de "trop"». Le truand (ou le fasciste) montre qu'il est capable de tout pour qu'on lui permette tout. La mise en scène de sa propre cruauté est à la base du pouvoir qu'il exerce sur les autres.

« Rien de trop. » Rien de trop à Grozny. Rien de trop à Alep. Rien de trop à Marioupol ou à Boutcha. Rien de trop dans la mise à mort de dissidents au cœur même de nos villes et de nos pays. Rien de trop dans la lente agonie diffusée en mondovision (le spectacle du crime compte autant que le crime lui-même) de l'agent renégat Alexandre Litvinenko, empoisonné au polonium en plein Londres. Rien de trop dans le fait qu'Andreï Lougovoï, le principal suspect du meurtre, réclamé par la justice britannique, devienne une star nationale et soit « élu » à la Douma dans la foulée. Rien de trop dans le T-shirt « Polonium » avec lequel l'assassin présumé accueille les journalistes européens en conférence de presse. Rien de trop dans la terreur. Rien de trop dans la violation de notre souveraineté et dans l'humiliation de nos institutions comme de nos dirigeants.

Le cuisinier du chaos

Rien de trop non plus dans l'histoire d'Evgueni Viktorovitch Prigojine, bandit de Saint-Pétersbourg condamné en 1981 à douze ans de prison pour « brigandage, escroquerie et incitation de mineurs à la prostitution ». Il fait officiellement fortune à sa sortie de bagne en vendant des hot-dogs. Devenu « le cuisinier du Kremlin » avec l'arrivée au pouvoir de Poutine, l'ex-taulard accueille sur son bateau-restaurant, le *New Island*, Jacques Chirac en 2001 et George W. Bush en 2002. Le proxénète pétersbourgeois accumule les marchés publics, devient richissime et bâtit un empire doté de ses propres médias et de sa propre armée. Un empire tout entier dédié à la maxime de Stavroguine : « Nous allumerons des incendies, nous répandrons des légendes. »

Pour les «incendies», Prigojine fonde le groupe Wagner et en confie la direction opérationnelle à Dmitri Outkine, ancien agent du GRU connu pour sa brutalité et ses tatouages à la gloire de la SS. Ukraine, Syrie, Libye, Soudan, Centrafrique, Mali : les mercenaires de Prigojine parcourent le monde, allument les feux anti-occidentaux que le Kremlin n'assume pas d'allumer directement. Ils se muent en garde prétorienne des autocrates locaux ou en installent de nouveaux en échange du rapt des matières premières des pays dans lesquels ils opèrent. Wagner est à mi-chemin entre des forces spéciales et une mafia. Ou plutôt il est une fusion des deux : un groupe criminel paramilitaire et para-étatique.

Après le 24 février 2022, Wagner recrute des milliers de criminels dans les pires prisons de Russie pour les envoyer au front. Prigojine lui-même fait la tournée des colonies pénitentiaires. Une vidéo de septembre 2022 le montre s'adressant à des centaines de prisonniers en tenue noire de *zeks* : «Je représente la société militaire privée Wagner. Si vous voulez sortir de prison maintenant, vous le pouvez, en échange de quoi vous devez donner six mois de votre temps pour participer à l'effort de guerre. Vous faites six mois et vous êtes libres. Mais si vous arrivez en Ukraine et jugez que ce n'est pas pour vous, alors vous serez considérés comme des déserteurs, et vous serez fusillés par le peloton d'exécution. Personne ne retournera derrière les barreaux. [...] Vous demandez des garanties ? Seulement deux personnes peuvent vous faire sortir d'ici : Dieu ou Allah d'un côté, et ce sera dans un cercueil en bois. Et moi de l'autre. Moi, je peux vous faire sortir d'ici vivants. Mais bon, vous ne resterez peut-être pas vivants longtemps, c'est vrai... »

Selon le site indépendant *Mediazona,* censuré en Russie, sa tournée des prisons a duré tout l'été 2022. Dans la colonie pénitentiaire IK-2 de Rybinsk, le 1er août, il déclare aux détenus rassemblés dans la cour d'appel : « Nous ne sommes pas une force armée classique, mais un véritable groupe criminel organisé et paramilitaire. Mes gars entrent dans des pays africains et n'y laissent rien de vivant. Maintenant ils détruisent nos ennemis en Ukraine. Votre décision de servir Wagner est un pacte avec le diable. (...) La Troisième Guerre mondiale a commencé et vous pouvez en être, les gars ! » Les meurtriers sont particulièrement recherchés alors que les drogués sont exclus. L'offre qu'il fait est simple : au bout de six mois au front, les forçats volontaires sont libres et leur casier judiciaire effacé. Le 25 juillet, dans la colonie IK-4 de Plavsk, il confirme aux taulards qu'il se sent l'un des leurs : « J'ai moi-même été dix ans en prison et je sais donc que vous aimerez ma proposition. » Prigojine est l'enfant de Poutine et de Traber, le rejeton des noces originelles du KGB et de la mafia.

Le 13 novembre 2022, la chaîne Telegram Grey Zone, liée à Wagner, diffuse une vidéo atroce. Un homme a la tête attachée à une pierre et son crâne est pulvérisé à coups de masse. Son nom est Evgueni Noujine, un détenu recruté quelques mois plus tôt dans une colonie pénitentiaire de Riazan. En septembre, il s'est rendu à l'armée de Kyiv, puis a été échangé contre un groupe de prisonniers ukrainiens. Le spectacle de la mise à mort du « traître » est un message à destination des autres recrues et du monde. La vidéo devient aussitôt virale. En quelques heures, des millions de personnes la voient. Le lendemain, Prigojine se félicite publiquement du succès de sa « production » et de la qualité de la « réalisation » : « Cet homme n'a pas trouvé son bonheur en Ukraine, il a rencontré des personnes peu aimables, mais justes. Ce film pourrait s'appeler *Aux chiens une mort de chien.* Le réalisateur a fait un travail superbe, cela se regarde d'une traite. J'espère juste qu'aucun animal n'a été blessé pendant le tournage. »[1]

Dans une guerre hybride, les « incendies » se

1. Hormis le fait qu'il s'adosse à une puissance nucléaire, quelle est la différence entre le groupe Wagner et Daech ? Pourquoi n'est-il pas sur la liste européenne des organisations terroristes comme le Parlement européen l'a exigé ?

transforment en « légendes » et réciproquement. L'agression physique et l'offensive cognitive marchent de pair. Pour répandre les « légendes » russes dans nos cités, Prigojine fonde en 2013 l'Internet Research Agency (IRA). Vous ne connaissez peut-être pas son nom et pourtant vous l'avez probablement déjà croisée si vous utilisez Facebook ou Twitter pour discuter de l'actualité ou exprimer vos opinions politiques. Ses *trolls* et ses *bots* inondent les réseaux sociaux de *fake news* et de commentaires haineux en anglais, en français, en espagnol, en allemand... L'IRA est le pendant virtuel du groupe Wagner : une armée du chaos. Suivant les principes de Sourkov, elle ne vise pas à convaincre, mais à brouiller les repères, à rendre douteuse l'évidence et à transformer l'absurde en hypothèse plausible.

Le chef-d'œuvre des troupes numériques de Prigojine est incontestablement l'élection présidentielle de 2016 aux États-Unis. Dans l'année qui précède le vote, 150 millions d'Américains sont touchés par les messages sur Twitter et Facebook des 4 000 comptes humains et 50 000 *bots* anglophones de l'IRA. Leurs posts et leurs tweets sont lus 288 millions de fois lors des dernières semaines de la campagne, entre le 1er septembre et le 15 novembre 2016. Et ils ne visent pas n'importe qui, n'importe où. L'IRA cible en priorité les électeurs des « Swing States », ces États indécis dans lesquels la victoire se joue à quelques dizaines de milliers de voix. Ils basculent tous du côté républicain dans les jours qui précèdent le vote. Trump l'emporte de 10 704 voix dans le Michigan, de 112 911 voix en Floride ou de 44 292 voix en Pennsylvanie. Les conséquences mondiales de transferts de voix aussi minimes sont vertigineuses et l'armée numérique de l'IRA ne leur est pas étrangère. En février 2018, Evgueni Prigojine et l'Internet Research Agency sont inculpés par un grand jury américain pour leur ingérence dans l'élection de 2016. Le 7 novembre 2022, Prigojine revendique son rôle. Puis, en réponse à une question sur les élections de mi-mandat de 2022, il proclame fièrement : « Oui, nous nous sommes ingérés, nous le faisons et nous allons continuer à le faire. Avec précaution, précision, de façon chirurgicale, d'une manière qui nous est propre. »[1]

Cette « manière » est l'exportation du chaos au cœur de notre vie publique. Tout ce qui polarise nos sociétés et entretient une atmosphère de guerre civile sur nos réseaux est bienvenu. Peu importe le fond, du moment qu'il est radical et défendu de façon extrême. Dans de nombreux cas, les trolls de l'IRA prennent même

1. Cité dans une publication sur les réseaux sociaux de son entreprise Concord.

simultanément partie pour les deux camps les plus opposés d'un débat. Ils poussent en même temps les hashtags BlackLivesMatter et AllLivesMatter, soutiennent à la fois les indépendantistes catalans et les ultranationalistes espagnols du parti Vox, s'indignent des violences policières en France et exhortent les forces de l'ordre à tirer à vue… Prigojine s'associe à des suprémacistes blancs et au panafricaniste Kémi Séba dans la même journée : la contradiction n'existe plus. Ou plutôt : la contradiction n'est plus perçue comme un problème, elle est une méthode et un objectif. L'IRA n'invente certes pas les fractures de nos sociétés, mais elle les identifie, les exploite et les exacerbe.

L'étoile de Prigojine pâlira un jour, comme celle de Sourkov, et un autre « héros » prendra alors sa place à l'avant-garde de la croisade lancée contre nos démocraties. Car la subversion organisée par le régime russe n'est pas l'affaire d'individus démoniaques, mais une doctrine stratégique, une dynamique structurelle. C'est l'histoire d'un système politico-mafieux qui a mieux compris que Zuckerberg lui-même ce qu'engendrent l'avènement de Facebook et sa transformation en agora du XXIe siècle. Sur les réseaux, l'abolition des hiérarchies du savoir, l'égalisation des positions d'élocution, la destruction des cadres censés informer et filtrer le débat, la possibilité de l'anonymat ou du pseudonymat génèrent un chaos informationnel. Les algorithmes des grandes plateformes numériques, opaques et soustraits au regard de la puissance publique, créent des bulles informationnelles en favorisant l'accès aux opinions proches des nôtres et nourrissent la polarisation de la société en mettant en avant les points de vue les plus urticants (l'emoticon « colère » valait cinq « likes » pour l'algorithme de Facebook). Ils séparent les communautés et radicalisent leurs oppositions. Le lieu de *notre* débat public correspond donc parfaitement à l'ethos de notre ennemi et à sa stratégie de la subversion permanente[1]. Nous jouons désormais *chez nous* en milieu hostile et les relais, conscients ou non, de l'offensive russe contre nos démocraties sont innombrables en Europe même.

Une internationale nationaliste

Dans son entreprise de déstabilisation de nos nations, le Kremlin peut compter au sein de la classe politique européenne sur une « cinquième colonne »

1. RT, la télévision officielle russe à destination de l'international, qui avait pignon sur rue en France, en Espagne et en Angleterre, reflétait totalement cette stratégie, filmant toutes les contestations d'où qu'elles viennent. Vous regardiez RT avant son interdiction d'émettre, vous aviez l'impression que les démocraties européennes étaient plongées dans des guerres civiles continuelles.

fidèle : l'extrême droite en plein essor partout sur le continent. Fascinés par la figure du chef incarnée par Poutine, prêts à tout pour mettre à bas l'hydre bruxelloise, séduits par l'idéologie réactionnaire promue par le Kremlin et très souvent à court de financements, les différents partis qui la composent prennent quasiment tous fait et cause pour la Russie. Par-delà leurs divergences sur les questions sociales, économiques ou morales, ils partagent une même allégeance au Kremlin. De l'AfD allemande au RN français, de la Lega italienne au FPÖ autrichien, ces mouvements dits « patriotes » ont servi pendant des années l'agenda géopolitique d'une tyrannie étrangère.

Comme toujours, Poutine demande à « ses » milliardaires de mener à bien les missions difficiles à assumer publiquement. L'oligarque Konstantin Malofeïev est central dans l'instrumentalisation de la mouvance réactionnaire européenne. Avec sa Fondation Saint-Basile-le-Grand, il finance aussi bien des campagnes de propagande contre le droit à l'avortement en Europe que les bataillons de « volontaires » russes dans le Donbass[1]. Au lendemain de l'annexion

1. L'homme qui a commandé les premiers escadrons russes dans le Donbass, le colonel Strelkov, est l'ancien chef de la sécurité personnelle de Malofeïev et un autre de ses employés, Alexandre Borodaï, s'est autoproclamé en mai 2014 Premier ministre de la « République populaire de Donetsk ». Malofeïev est donc au cœur du dispositif ukrainien de Poutine en plus d'œuvrer au partenariat avec l'extrême droite européenne.

de la Crimée, faisant le lien entre les actions militaires en Ukraine et le combat politique en Europe, il convoque le 31 mai 2014, à Vienne, le ban et l'arrière-ban de l'extrême droite continentale pour planifier une grande « révolution conservatrice ».

Dans le somptueux palais Liechtenstein, au milieu des fresques et des statues baroques, on croise un prince espagnol et une héritière italienne de la dynastie des Agnelli, mais surtout les émissaires des différents partis nationalistes européens. Le FN est représenté par le député européen Aymeric Chauprade et le FPÖ par son chef, Heinz-Christian Strache. Le sommet organisé par Malofeïev célèbre les deux cents ans de la Sainte-Alliance, pacte scellé entre la Prusse, l'Autriche et la Russie au crépuscule de l'épopée napoléonienne pour lutter contre l'héritage de la Révolution française. Face à l'allié anglais jugé trop libéral, le tsar Alexandre Ier entendait attaquer le mal à la racine, expurger l'Europe de tout ce qui avait conduit à 1789 et empêcher toute renaissance de la « Grande Nation ». Il voulait ensevelir les Lumières sous les ruines du bonapartisme. Malofeïev reprend le flambeau deux siècles plus tard au nom de Poutine. Cette fois, la France n'est pas la seule cible, c'est l'Union européenne qu'il faut abattre. Pas simplement comme bureaucratie ou comme marché, mais comme « idéologie globale ».

Tous les participants écoutent religieusement Alexandre Douguine, le « philosophe » ultra-impérialiste en vogue au Kremlin, exposer les fondements théoriques de la nouvelle croisade contre-révolutionnaire. Quelques semaines plus tôt, il a annoncé le programme à la télé russe : « Nous devons conquérir intellectuellement l'Europe, nous avons besoin d'une cinquième colonne conservatrice dans chaque pays. Ce sont les intellectuels, les penseurs, les politiques européens prêts à défendre leur identité qui nous permettront d'abattre le libéralisme une fois pour toutes. » La rencontre de Vienne matérialise ce projet[1]. Dans le droit fil du théoricien nazi Carl Schmitt, Douguine dépeint le monde comme un affrontement permanent et structurel entre les puissances terriennes qu'il nomme « Rome éternelle » et les puissances maritimes qu'il nomme « Carthage éternelle ». Les premières sont ancrées et autoritaires. Les secondes hors-sol et libérales. L'Union européenne est l'héritière de Carthage et Moscou prend les traits d'une nouvelle Rome. Entre les deux, aucune cohabitation possible[2]. L'occupation

1. Le contenu de ce sommet devait rester secret, mais le journaliste suisse allemand Bernhard Odehnal a réussi à se glisser parmi les invités et a publié le récit de la rencontre dans le *Tages-Anzeiger.*
2. Cette confrontation est un classique de la pensée d'extrême droite depuis Carl Schmitt. On la retrouve dans le *Suicide français* d'Éric Zemmour. Parti en guerre contre ce « monde ouvert, fluide, sans ordre ni référence

de la Crimée et du Donbass est le début d'un « printemps russe » qui scellera la revanche de Rome sur Carthage selon Douguine : « La Russie ne s'arrêtera pas là, amplifiera ses actions en Europe même, se posant en fer de lance de la révolution conservatrice européenne. » Cet affrontement n'a ni frontière, ni limite. Il met chacun devant un choix radical et absolu entre la décadence occidentale et le renouveau spirituel incarné par Poutine. Les dirigeants d'extrême droite n'ont aucun mal à choisir. Quitte à jouer ouvertement contre les intérêts de leurs États respectifs. Leur aversion pour la démocratie libérale prime sur leur patriotisme supposé.

Conscient du malaise identitaire qui ronge nos nations, Vladimir Poutine se présente en recours idéologique pour tous ceux qui rejettent les mutations culturelles, sociologiques et démographiques des sociétés européennes. Dès septembre 2013, devant le club Valdaï, il se pose en chef mondial des « *anti-woke* » : « Les pays euro-atlantiques rejettent et oublient leurs racines, y compris leurs racines chrétiennes, qui forment pourtant la base de leur civilisation. Ils renoncent à tout fondement moral, nient toute identité nationale, religieuse ou sexuelle. Ils suivent

---

[…], imposé par les puissances maritimes et marchandes », le polémiste français conclut : « C'est toujours le même affrontement entre la terre et la mer. »

des politiques qui mettent un trait d'égalité entre les familles nombreuses traditionnelles et les unions de personnes du même sexe. Les excès du politiquement correct entraînent en Occident la promotion de la pédophilie. Et ils entendent imposer ce modèle à tous. Cela nous mène à la décadence et à une crise morale terrible. »[1] Les combats féministes vous heurtent ? En Russie, on dépénalise le fait de battre sa femme. Vous êtes opposés au mariage pour tous ? En Russie, on criminalise « la propagande LGBTI ». Vous êtes angoissés par l'immigration ou le multiculturalisme ? Venez voir chez nous comment nous traitons les « culs noirs ». Moscou devient le point de ralliement de toutes les peurs européennes.

Là encore, cela n'a rien de neuf. À la fin du XVIIIe siècle déjà, le plus grand pamphlétaire contre-révolutionnaire, Joseph de Maistre, a mené sa guerre culturelle contre les Lumières depuis Saint-Pétersbourg. Quand Malofeïev finance des ONG homophobes et xénophobes ou quand la First Czech Russian Bank accorde un prêt de 9 millions d'euros au Front national, nous assistons à la continuation

1. Ce thème de la pédophilie occidentale est une obsession récurrente chez Poutine. Dans son discours fleuve à la nation du 21 février 2023, il déclare ainsi à propos de nos États : « Regardez ce qu'ils font avec leurs propres peuples. La destruction des familles, des identités culturelles et nationales, la perversion et la maltraitance des enfants jusqu'à la pédophilie, sont déclarées comme étant la norme. C'est la norme de leur vie. »

d'une vieille tradition russe : utiliser les forces les plus réactionnaires du continent européen pour saper les fondements de nos démocraties.

L'activation des nationalistes européens, l'envoi des mercenaires de Wagner en Afrique, les attaques des hackers du GRU, les *fake news* de l'IRA ou des chaînes de télévision comme RT visent un but unique : « l'exportation du chaos ». Tout était annoncé. Avec la commission spéciale sur l'ingérence, nous avons documenté cette croisade, établi la liste des failles de nos systèmes de défense et analysé la faiblesse des réactions européennes. Ce que nous n'avons pas pu faire par contre, c'est répondre à cette simple question : pourquoi ? Pourquoi ces vingt années d'aveuglement volontaire et d'apathie face aux assauts répétés d'une tyrannie étrangère contre notre souveraineté ? Pourquoi ce refus de voir ce qui était visible et de croire ce qui était évident ?

« La guerre de Troie n'aura pas lieu »

C'est l'histoire d'hommes et de femmes convaincus d'être en paix avec un régime mû par l'ardent désir de leur faire la guerre, d'hommes et de femmes si attachés à leurs illusions qu'ils vont méthodiquement déconstruire la réalité qui leur saute au visage à chaque étape sanglante de la longue guerre de Poutine contre nos démocraties.

À l'aube des années 2000, Vladimir Poutine inaugure son règne en anéantissant la Tchétchénie. 100 000 morts sur une population de 1 million d'âmes, une capitale de 400 000 habitants, Grozny, totalement rasée, des crimes de guerre et des crimes contre l'humanité. Que font nos dirigeants ? Rien. Les lanceurs d'alerte russes, les journalistes européens et les victimes tchétchènes ne sont ni entendus, ni écoutés. *Au fond*, c'est plus compliqué que cela en a l'air, les Tchétchènes ne sont pas des saints et Lermontov parlait déjà de leurs longs couteaux dans une comptine populaire il y a près de deux siècles. Il s'agit d'un problème tchétchène. *Business as usual.*

En 2008, Vladimir Poutine lance ses troupes à l'assaut de la Géorgie et ampute le pays de 20 % de son territoire. Que font nos dirigeants ? Afin de pouvoir rester passifs, ils blâment le président Saakachvili pour l'invasion et le démembrement de sa nation. Ils envoient sur place une commission dirigée par une diplomate suisse, Mme Tagliavini, qui conclut que les troupes russes ont bien envahi la Géorgie, mais que les Géorgiens ont tiré les premiers (comme les Polonais sans doute lorsque les soldats allemands ont traversé leur frontière en 1939). La VAR[1] européenne a parlé : 1-1 entre l'agresseur et l'agressé, balle au centre. *Au fond*, c'est plus compliqué que cela en a l'air, les Géorgiens ne sont pas des saints. Il s'agit d'un problème géorgien. *Business as usual*[2].

En 2014, Vladimir Poutine envoie ses soldats déguisés en « petits hommes verts » s'emparer de la Crimée et occuper le Donbass pour punir le peuple ukrainien d'avoir osé une révolution démocratique. Pour la première fois depuis la Seconde Guerre mondiale, un territoire souverain est annexé par la force en Europe, l'architecture de sécurité du continent, qui a résisté à des décennies de guerre froide, est mise à bas. Que font nos dirigeants ? Ils prennent des sanctions légères, puis continuent à construire des gazoducs et à inviter Poutine à Versailles ou à Brégançon. *Au fond*, c'est plus compliqué que cela en a l'air, les Ukrainiens ne sont pas des saints et une partie d'entre eux parle russe. Il s'agit d'un problème ukrainien. *Business as usual.*

En 2015, Vladimir Poutine envoie ses avions, ses

1. Le Video Assistant Referees (VAR) est l'assistance vidéo à l'arbitrage qui s'est imposée dans le football et permet de revoir les actions pour confirmer ou infirmer une décision arbitrale.
2. Certes le président français Nicolas Sarkozy a obtenu un cessez-le-feu, mais il n'a pas réagi lorsque Vladimir Poutine a refusé d'appliquer les six points qu'il avait négociés. Au contraire, il a ensuite acté la vente de navires de guerre de type Mistral à la Russie. *Business as usual.*

forces spéciales et ses mercenaires en Syrie pour sauver le dictateur Bachar al-Assad. L'intervention russe change le cours de la guerre civile et condamne la révolution syrienne. L'opposition (théoriquement soutenue par les Occidentaux) est infiniment plus frappée que Daech, les hôpitaux sont pris pour cible, Homs et Alep sont réduites en cendres. Que font nos dirigeants ? Hormis François Hollande qui fut bien seul à essayer d'agir, ils commercent et regardent ailleurs. *Au fond*, c'est plus compliqué que cela en a l'air, les révolutionnaires ne sont pas des saints et il y a des djihadistes parmi eux. Il s'agit d'un problème syrien. *Business as usual.*

Je me suis heurté pendant vingt ans à ce refus de replacer les guerres de Poutine dans un cadre d'explication général, à cette volonté de les cantonner à des réalités locales présentées comme « grises ». Étudiant, j'ai co-fondé une ONG pour permettre à des jeunes Tchétchènes de venir étudier en Europe, puis j'ai filmé les « révolutions de couleurs », avant de passer cinq années à Tbilissi, et ensuite de tenter en vain d'expliquer les enjeux de la révolution ukrainienne ou les conséquences de l'intervention russe en Syrie. À Bruxelles, Berlin ou Paris, on m'accueillait comme un romantique tombé amoureux des montagnes du Caucase ou des plaines d'Ukraine. Il fallait être « réaliste » (sic) et comprendre que tout était plus « compliqué ». *Au fond*, Raphaël, si les Tchétchènes, les Géorgiens ou les Ukrainiens ont un problème ancestral avec les Russes, c'est leur histoire, pas la nôtre. *Business as usual.*

Pareille volonté de mettre à distance la menace a conduit à ignorer et à mépriser toutes les alarmes sonnées au sein même de l'Union européenne. Lorsque Nicolas Sarkozy décida de vendre des navires porte-hélicoptères Mistral à la Russie après l'invasion de la Géorgie, la ministre de la Défense lituanienne, Rasa Juknevičienė, avertit son homologue français, Hervé Morin, du risque que ces bateaux soient utilisés contre des alliés de la France : «Je lui ai dit qu'à l'avenir, les Mistral pourraient être utilisés en Ukraine ou bien même chez nous en Lituanie. Il m'a répondu que c'était lié à nos traumatismes passés et que j'avais des douleurs fantômes...» Une ministre de la Défense d'un pays membre de l'UE et de l'OTAN fait part de ses légitimes préoccupations sécuritaires et son homologue français lui conseille en gros d'aller se faire soigner chez un psy. Je ne suis même pas surpris lorsqu'elle me raconte l'anecdote dans les couloirs du Parlement, voilà l'état d'esprit qui régnait à Paris et à Berlin dans les années 2000 et 2010. Les inquiétudes de Vilnius, Tallinn, Riga, Varsovie ou Bratislava ne sont pas plus notre histoire que les cris de Grozny ou Alep. *Au fond*, Raphaël, l'Europe centrale est obsédée par son passé et refuse d'admettre que la Russie a changé et qu'elle est désormais notre alliée. Il s'agit d'un problème balte ou polonais. *Business as usual.*

Mais lorsque des hackers russes piratent les serveurs de la campagne d'Emmanuel Macron à quelques jours du second tour de la présidentielle de 2017 ou attaquent l'Agence européenne du médicament au moment où elle doit statuer sur les vaccins en pleine pandémie, lorsque des agents des services russes proposent de l'argent et des troupes aux leaders indépendantistes catalans à la veille du référendum d'autodétermination qui ébranle l'Espagne ou lorsque les mercenaires de Wagner s'en prennent aux militaires français en Afrique, il devient difficile d'affirmer que ce n'est pas notre histoire. La mise à distance s'opère alors différemment : c'est notre histoire certes, mais cette histoire n'est pas si importante. Rien de grave. Nos dirigeants folklorisent les atteintes à notre souveraineté : *au fond*, les Russes sont comme ça, brutaux et agressifs, mais ils ont du gaz et nous avons besoin d'eux sur tant de dossiers essentiels (il faudra un jour m'expliquer sur lequel de ces fameux « dossiers essentiels » ils nous ont aidés depuis vingt ans). On passe donc l'éponge sur les attaques contre notre sécurité au nom du « réalisme » (sic). *Business as usual.*

Comment expliquer une telle *volonté* de ne pas voir, de ne pas comprendre ? Il ne s'agit pas que d'une affaire de corruption. L'argent russe a pénétré nos systèmes et influencé nos décisions, comme nous l'avons vu dans les pages précédentes, mais la plupart des dirigeants ouest-européens n'ont pas touché un euro de Moscou et ne sont pas partis travailler pour Gazprom ou Rosneft après leur mandat. Pourtant ils ont quasiment tous partagé le même déni. Plus encore qu'une histoire de valises de billets ou de retraites dorées, c'est l'histoire d'une immense faillite intellectuelle et mentale.

Romain Gary écrit dans *La Promesse de l'aube* : « Je comprends fort bien ceux qui avaient refusé de suivre de Gaulle. Ils étaient trop installés dans leurs meubles, qu'ils appelaient la condition humaine. Ils avaient appris et ils enseignaient "la sagesse", cette camomille empoisonnée que l'habitude de vivre verse peu à peu dans notre gosier, avec son goût doucereux d'humilité, de renoncement et d'acceptation. » Les élites françaises n'ont pas suivi le général de Gaulle à Londres en 1940 et ne sont pas entrées en résistance. Elles n'étaient pourtant ni pro-nazies, ni pro-allemandes dans leur majorité. Elles étaient juste « trop installées dans leurs meubles » et trop « sages », prisonnières de leurs habitudes et amoureuses du confort que procure le renoncement à être. Apathiques.

De la même manière, les dirigeants qui ont eu en mains les destinées de l'Europe ces vingt dernières années n'étaient pour la plupart ni ouvertement pro-russes, ni réellement pro-Poutine, ils aimaient simplement trop leurs « meubles » pour en changer et ils étaient trop « sages » pour réagir. Ils avaient appris que l'Histoire était finie, que l'Europe n'avait plus d'ennemi, que l'interdépendance garantissait la paix et qu'un chef d'État en costume-cravate avec lequel on commerçait autant ne pouvait pas être franchement mauvais. Ils étaient trop « installés » dans leur monde chimérique, un monde dans lequel les seules guerres à mener étaient des opérations de police internationale contre des groupes djihadistes au Moyen-Orient ou en Afrique, pour accepter la réalité.

Pour prendre la mesure du péril, il aurait fallu lire et comprendre Sourkov et Dostoïevski. Nos gouvernants ne l'ont pas fait et ont cru pouvoir établir un « partenariat mutuellement bénéfique » avec Stavroguine ou nouer des relations paisibles, voire amicales, avec ces villageois de *Sans Ciel* mûs par l'insatiable désir de leur faire la peau. Comme le font si souvent les Occidentaux, ces dirigeants européens imbus d'eux-mêmes ont calqué sur l'autre leur grille de lecture, analysé son comportement à l'aune du leur et écarté d'un revers de la main tous les éléments contredisant leurs certitudes. Ils ont réduit l'hostilité viscérale de Poutine à une banale question de lutte d'influence, pour la faire entrer dans leur salon mental sans avoir à déplacer le moindre «meuble». Jusqu'au bout, même face aux troupes russes qui s'amassaient à la frontière de l'Ukraine et aux renseignements transmis par les Américains, ils ont été certains que le tyran bluffait, qu'il n'attaquerait pas, que le déploiement n'était qu'un spectacle visant à obtenir des concessions. La guerre totale ne rentrait pas dans leur cadre d'analyse, elle était donc impossible.

La France est de ce point de vue un cas d'école parce qu'elle n'était pas aussi droguée au gaz russe que l'Allemagne ou autant accro aux milliards des oligarques que l'Angleterre. Notre nation a pactisé avec le diable pour de «nobles» raisons, elle. Il s'agissait de vision du monde, d'histoire et de culture. L'illusion romantique d'une «relation privilégiée» avec Poutine s'est transmise de président en président, à l'exception notable de François Hollande. Que cette dite «relation privilégiée» n'ait strictement rien apporté à notre État en vingt ans hormis la rancœur de l'Europe de l'Est et la perte de sa crédibilité stratégique n'a rien changé à l'affaire. Nos élites se croyaient fidèles à une grande tradition qui n'a jamais existé réellement et pensaient redonner son rang à notre nation en multipliant les courbettes face à un ancien agent du KGB en guerre contre nos principes et nos intérêts.

Pourtant lui-même victime en 2017 des ingérences du Kremlin lorsque les services russes ont tenté d'inverser le cours de l'élection présidentielle en hackant sa campagne juste avant le deuxième tour qui l'opposait à Marine Le Pen, Emmanuel Macron a, dès son entrée à l'Élysée, remis au centre du salon les « meubles » russes de notre diplomatie que son prédécesseur avait lucidement déplacés dans une annexe. Des ors de Versailles au fort de Brégançon en passant par le musée de l'Ermitage de Saint-Pétersbourg, Emmanuel Macron a tout fait pour cultiver sa relation avec Vladimir Poutine. À Brégançon, il est même allé jusqu'à désigner l'occupation du Donbass et de la Crimée comme un simple « irritant » dans les rapports franco-russes. Il a multiplié au cours de son premier mandat les envolées lyriques sur « l'Europe de Brest à Vladivostok » dont on peine encore à comprendre comment elles pouvaient se conjuguer avec ses tirades passionnées sur l'autonomie stratégique de l'Union européenne. Mais c'est lors de son discours aux ambassadeurs de 2019 qu'il a le plus clairement exprimé sa « sagesse » sur la Russie contemporaine.

Ce jour-là, le président Macron expose son

« agenda de confiance » avec Moscou, « sans naïveté » précise-t-il. Il reconnaît les attaques russes contre les intérêts européens et la faiblesse de certaines réactions, mais il pose la question : voulons-nous la confrontation avec un voisin qui restera toujours notre voisin ? Non. La Russie ne déménagera pas, il nous faut donc mettre fin à l'opposition stérile qui se dessine et sortir de l'impasse stratégique dans laquelle nous conduisent certains de nos « amis » : « Je crois qu'il nous faut construire une nouvelle architecture de confiance et de sécurité en Europe, parce que le continent européen ne sera jamais stable, ne sera jamais en sécurité, si nous ne pacifions pas et ne clarifions pas nos relations avec la Russie. Ce n'est pas l'intérêt de certains de nos alliés, soyons clairs à ce sujet. Certains d'ailleurs nous pousseront toujours à avoir plus de sanctions, parce que c'est leur intérêt. Quand bien même ce sont nos amis. Mais ce n'est pas le nôtre très profondément. Et je crois que pour arriver à l'objectif que je viens d'évoquer, qui est celui de rebâtir un vrai projet européen dans ce monde qui risque la bipolarisation, il faut réussir à faire front commun entre l'Union européenne et la Russie. »

Traduisons le président de la République : ce ne sont pas le démembrement de la Géorgie, la destruction de la Syrie, la première invasion de l'Ukraine et les attaques contre nos institutions qui ont conduit au délitement progressif de nos relations avec Moscou. Ce ne sont pas les actions de Poutine qui sont à l'origine des tensions. Non, ce sont « nos amis » (américains et européens de l'Est NDLR) qui ont intérêt aux sanctions, nous poussent à l'escalade et risquent de faire capoter le grand projet d'une architecture de sécurité continentale co-construite avec le Kremlin. Face à eux, Emmanuel Macron propose donc un « front commun entre l'Union européenne et la Russie ». En 2019 !

Très en verve, il poursuit : « Je veux que nous jouions cet axe parce qu'il est indispensable pour réussir à obtenir des résultats et une vraie stratégie européenne. C'est ce que feront le ministre des Affaires étrangères et la ministre des Armées lorsqu'ils se rendront dans quelques jours à Moscou pour reprendre le dialogue 2+2. C'est ce que nous poursuivons par un dialogue constant avec le président Poutine et nous allons mettre en place ce groupe de travail pour avancer sur cette architecture commune. » En sautant par-dessus Bruxelles, Riga, Tallinn ou Varsovie, le président restaure les conseils de défense conjoints avec Moscou, malgré l'annexion de la Crimée et l'occupation du Donbass. Et on s'étonne ensuite à Paris du scepticisme des Baltes, des Polonais ou des hauts fonctionnaires de la Commission face à ses propositions, essentielles au demeurant, sur l'autonomie stratégique européenne…

Toujours dans le même discours fleuve, Emmanuel Macron lâche enfin le mot qui donne la clé de sa vision du monde : la confrontation avec la Russie est le produit d'une « succession de malentendus » qu'il nous faut lever. « Une succession de malentendus. » Réduire la confrontation entre deux systèmes de valeurs antithétiques à des « malentendus » est le propre d'une vision comique du monde. Dans une comédie, le conflit est un quiproquo parfaitement résoluble et le rire naît précisément de la transformation de petits points de friction en montagnes infranchissables par des protagonistes touchés par la folie des grandeurs. Dans une tragédie, le conflit est au contraire une contradiction sans échappatoire. Sans « et en même temps ». Lorsque le président Macron célébrait dans un entretien accordé à la *NRF* en avril 2018 « *le merveilleux Giraudoux que plus personne ne lit aujourd'hui* », il en disait beaucoup sans le savoir sur le mal qui frappe nos élites et mine sa présidence : l'absence totale de sens tragique.

Giraudoux a réussi l'exploit de réduire les épopées et les tragédies fondatrices de notre civilisation à des drames bourgeois. Il écrit *La guerre de Troie n'aura pas lieu* et *Électre* dans les années 1930, en plein essor du fascisme et alors que la France se demande comment réagir aux menaces hitlériennes. La première pièce exalte le pacifisme et dépeint la guerre comme une « connerie » produite par la montée vers l'absolu d'imbéciles ou d'escrocs transformant un problème bénin en cataclysme mondial. La seconde présente Électre comme une fanatique incapable du moindre compromis et vise, à travers elle, tous les va-t-en-guerre qui appellent à résister militairement au péril fasciste. *Au fond*, il suffirait de se parler pour que les « malentendus » avec l'Allemagne nazie soient levés. Giraudoux, c'est la littérature des « meubles » et de la « sagesse » dont parle Gary. Lorsque la réalité redevient tragique, ces « meubles » comiques sont une prison mentale et cette « sagesse » bourgeoise un poison qui aveugle et paralyse[1].

En 2019, pareil irénisme n'est pas propre à Emmanuel Macron, il en a hérité et il le partage avec l'écrasante majorité des élites françaises. Il n'est pas non plus propre à la France. Tous les pays d'Europe de l'Ouest ont nourri des illusions semblables, avec un peu moins d'emphase parfois. Le déni est un

1. Dans le film *Melinda et Melinda*, Woody Allen raconte la vie d'une même femme, alternativement comme une tragédie et comme une comédie. Il montre que tout dépend du point de vue qu'on adopte sur les choses et de la distance à laquelle on se met de l'événement. Plus un problème est tenu à distance, moins il semble grave. Emmanuel Macron, et quasiment tous les dirigeants français ou ouest-européens, ont mis à distance le péril représenté par Poutine. Jusqu'à ce qu'il nous saute au visage.

mécanisme d'autodéfense puissant. Il déréalise la réalité au nom du « réalisme » et permet de boire tranquillement son thé au salon alors que le feu gagne la chambre à coucher. Il fonctionne jusqu'à ce que la fuite devienne impossible. Jusqu'à la catastrophe.

Un réveil difficile

Le 24 février 2022 peu après 4 heures du matin, les premiers missiles russes frappent Kyiv. C'est le début d'une guerre totale, comme on n'en avait plus connu en Europe depuis la Seconde Guerre mondiale. Le tremblement de terre ébranle l'ensemble du continent. De Tallinn à Lisbonne, de Varsovie à Paris, les Européens sont saisis du même effroi. Les visages, les regards, les voix de certains dirigeants politiques changent. La mutation d'Ursula Von der Leyen, la présidente de la Commission européenne, est particulièrement frappante. Lorsqu'elle vient s'exprimer devant le Parlement, nous sommes plusieurs députés à noter qu'elle n'est plus la même personne. Chacun de ses mots et chacun de ses gestes sont empreints d'une gravité qu'on ne lui connaissait pas.

Nous vivons un moment de bascule et les plus optimistes pensent assister à la naissance d'une nation européenne. Les premières réactions sont fortes. Des sanctions significatives sont annoncées dans les heures qui suivent l'invasion. Dans les travées du Parlement, chacun paraît mesurer le caractère historique de ces jours sans fin de l'hiver 2022. La page de l'indolence se tourne et les vidéos du président ukrainien, Volodymyr Zelensky, semblent fixer le tempo, les codes, les mots de ce nouvel espace-temps dans lequel Vladimir Poutine nous a projetés si brutalement. Tout le monde jure alors que tout a changé en Europe et qu'on ne retombera plus dans le *business as usual.*

Cette gravité partagée et ce sentiment collectif d'urgence dominent pendant quelques semaines. Mais, assez vite, un certain relâchement se fait sentir. Le sommet européen de Versailles des 10 et 11 mars est le premier signe annonciateur d'une rechute possible : une réorientation fondamentale de notre politique énergétique est annoncée pour le moyen terme, mais les discussions de marchands de tapis empêchent d'adopter les mesures immédiates radicales poussées par la Commission et le Parlement tant sur les sanctions contre la Russie que sur le soutien à l'Ukraine. Les États membres commencent à négocier des exemptions en fonction de leurs intérêts propres. Les Allemands repoussent la fin des importations de gaz et de pétrole, ce qui conduit les Européens à financer les six premiers mois de la guerre russe en Ukraine et à atténuer l'impact de leurs sanctions. Les Belges obtiennent que le commerce de diamants ne soit pas touché, les Italiens plaident pour l'industrie du luxe, les Grecs pour leurs armateurs… Les grands mots débouchent à nouveau sur des actions limitées.

Et il y a le message envoyé, la mise en scène. Les dorures des plafonds, les fleurs sur la table de négociation, les séances d'autosatisfaction de dirigeants si fiers d'eux-mêmes rompent avec le ton et les attitudes graves qui prévalaient jusque-là. L'esthétique du sommet jure tellement avec le cadre dépouillé et le ton spartiate des interventions de Zelensky qu'il est difficile de ne pas éprouver de malaise face au spectacle proposé. Le tragique s'évapore et l'Union européenne s'installe dans un entre-deux, à mi-chemin entre le réveil proclamé et le sommeil persistant, la promesse de rupture avec la mollesse passée et la tentation du confort toujours si présente. Comme si nous demandions un délai supplémentaire avant de prendre les décisions que nous savions devoir prendre.

Le rôle du politique est de trancher et de donner sens. Or les dirigeants européens hésitent. Ils hésitent sur les sanctions à imposer et sur les armes à fournir. Faut-il livrer l'artillerie, la défense anti-aérienne, les tanks, les avions demandés par l'Ukraine ? Poutine est-il un interlocuteur avec lequel on peut passer des heures au téléphone alors que ses troupes rasent Marioupol ou bien est-il l'ennemi irréductible de nos démocraties ? Quel est l'objectif de l'Union européenne : empêcher l'effondrement de l'Ukraine ou l'aider à vaincre militairement l'envahisseur ? Une fois posée la ligne rouge de notre implication directe – pas de troupes sur le front –, personne ne dit clairement en ces premiers mois de guerre jusqu'où nous devons aider la résistance ukrainienne, comment et pourquoi. Ou plutôt : les déclarations à ce sujet varient en fonction des capitales et des moments. Nos tergiversations viennent toutes de notre hésitation face à cette simple question : cette guerre est-elle aussi la nôtre ?

En français ou en allemand, la réponse n'est pas la même qu'en finlandais ou en estonien. Emmanuel Macron et Olaf Scholz ne trouvent pas les mots qui viennent naturellement à Sanna Marin ou Kaja Kallas, deux jeunes Premières ministres à l'avant-garde de la résistance européenne à Poutine[1]. Le « couple » franco-allemand, censé être la locomotive de l'Union, paraît à la remorque des événements. Ses atermoiements conduisent à une stratégie européenne dite

1. Notons que, de Sanna Marin à Kaja Kallas ou Ursula Von der Leyen, ce sont des femmes qui incarnent le mieux l'Europe en temps de guerre durant toute l'année 2022.

« progressive » – en anglais : *incremental* – qui consiste à augmenter étape par étape les sanctions contre la Russie et l'aide apportée à l'Ukraine. Cette stratégie – l'*incrementalism* ou la progressivité – est le péché originel de la réponse européenne à la guerre de Poutine. Elle nous empêche d'inverser le rapport de forces sur le terrain et de priver d'oxygène la machine de guerre russe. Des semaines de débats sont nécessaires pour décider de livrer des armes lourdes, puis des mois pour accepter de fournir les systèmes de défense antiaérienne demandés dès le premier jour et à nouveau des mois pour consentir à envoyer les tanks réclamés... À chaque étape, Volodymyr Zelinksy se retrouve dans une position de suppliant, comme si nous servions ses intérêts et non les nôtres en donnant à l'Ukraine les moyens de résister à l'armée russe. Cette logique du compte-gouttes diminue l'impact de notre aide. Elle prolonge le conflit plus qu'elle ne l'abrège. Elle permet à l'Ukraine de ne pas s'effondrer, mais elle ne lui permet pas de gagner. Elle découle directement de notre incapacité à affirmer ensemble, en tant qu'Européens, que cette guerre est aussi la nôtre.

« Ce qui se conçoit bien s'énonce clairement » écrivait Boileau : faute de vision claire, les mots des dirigeants français et allemands sont trop flous pour entretenir la mobilisation de nos cités. Pour cultiver la solidarité instinctive des citoyens et lui donner une perspective historique, il aurait fallu expliquer en quoi nous sommes visés nous-mêmes par la Russie de Poutine et comment nous allons, ensemble, faire face d'une manière juste et sereine à la guerre. Cela n'est pas fait. Le président Macron ne bloque pas les sanctions et finit par livrer des armes particulièrement efficaces sur le terrain comme les canons César, mais il ne prend pas la tête de l'effort européen de résistance au Kremlin. Alors qu'il multipliait les tirades sur la « guerre » à mener contre le virus pendant la pandémie, il apparaît soudain moins loquace sur le retour de la (véritable) guerre dans nos vies. Ses positions semblent paradoxales : il faut soutenir Kyiv *et en même temps* ne pas « humilier » Moscou, équiper l'armée ukrainienne *et en même temps* offrir des « garanties de sécurité » à l'envahisseur russe... Pareilles contradictions peuvent être présentées à Paris comme une quête « d'équilibre », elles n'en restent pas moins perçues comme des contradictions à Kyiv, Helsinki, Varsovie ou même Bruxelles.

Ce fut une occasion manquée pour la France. Alors que toutes les cartes étaient rebattues et que la crédibilité de l'Allemagne sortait laminée de vingt longues années de compromissions avec la Russie, notre nation pouvait s'affirmer comme la locomotive de l'Union européenne, ralliant à sa cause les pays de l'Est et du Nord. Elle n'avait pas fait le choix du gaz russe, avait conservé une industrie de la défense et une armée puissantes et elle assurait, de plus, la présidence tournante du Conseil européen. Il lui manquait juste une vision stratégique claire à présenter à nos partenaires. Emmanuel Macron n'a ni façonné, ni incarné cette vision. C'est d'autant plus frappant qu'il avait intérêt, en France même, à brandir aussi haut que possible l'étendard du soutien à la résistance ukrainienne. La gauche était empêtrée dans ses contradictions sur la guerre, l'extrême droite ne parvenait pas à se libérer de sa poutinophilie congénitale et l'opinion française était largement favorable aux livraisons d'armes comme aux sanctions : le rôle de premier soutien à l'Ukraine eût été politiquement bénéfique. Il ne l'a pas endossé.

Il n'a pas compris ou pas voulu comprendre que « l'autonomie stratégique européenne » sur laquelle il multiplie les discours depuis les premiers jours de sa présidence se décidait là, dans le fait d'assumer un leadership en matière de sécurité et de défense face à Vladimir Poutine. Il n'a pas saisi ou a feint de ne pas saisir que le retour de l'autorité politique au poste de commandement de nos nations se jouait dans cette guerre – bien plus que dans ses coups de mentons jupitériens ou ses réflexions sur la figure du roi et le vide laissé en France par l'exécution de Louis XVI, dont le fantôme décapité hanterait nos consciences.

Il ne s'est pas débarrassé dans les mois qui suivirent l'invasion russe de ses anciens « meubles » et n'a pas renoncé à sa vieille « sagesse ». Il semble commencer à le faire au début de l'année 2023 en assumant enfin que l'objectif stratégique de l'Europe doit être la victoire de l'Ukraine et la défaite de Poutine. Mais ce changement demeure fragile et incertain[1].

Emmanuel Macron n'est certes devenu ni Churchill, ni de Gaulle le 24 février 2022, mais force est de constater que les autres dirigeants politiques français n'ont pas fait mieux que lui et ont même souvent fait pire. À commencer par ma propre famille politique. Gênée par les clivages qui la traversent sur la géopolitique, l'Europe et la Russie, la gauche française a longtemps été inaudible sur la guerre en Ukraine. Ces contradictions ne peuvent être mises sous le tapis plus longtemps. Elles sont profondes et viennent de loin. Il faut avoir le courage de les exposer, de les

---

1. En recevant le président Zelensky à Paris le 8 février 2023, Emmanuel Macron a clairement annoncé que l'objectif stratégique était la victoire de l'Ukraine et qu'il soutiendrait la résistance jusqu'à celle-ci. Cette déclaration débouchera-t-elle sur une politique plus ferme ? Sera-t-elle suivie par la livraison d'avions et de missiles à la résistance ukrainienne ? Au moment où j'écris ces lignes, nul ne peut le dire. Je serais en tout cas le premier à applaudir si mon pays prenait la place qu'il aurait dû occuper depuis le 24 février 2022 : à la tête de la résistance européenne à l'agression russe. La dernière sortie présidentielle le 17 février 2023 appelant à ne pas « écraser la Russie » conduit malheureusement à en douter.

affronter et de les trancher pour se hisser au niveau du moment historique que nous traversons.

Imperméable au combat anti-totalitaire, guidée par son obsession anti-américaine et sceptique vis-à-vis du projet européen, une part de la gauche française a réduit les révolutions démocratiques ukrainiennes ou géorgiennes à des complots de la CIA ou des « putschs »[1]. Des millions de citoyens descendent dans les rues au péril de leur vie contre la corruption ou l'oppression et pour rejoindre la famille des démocraties européennes. Elle les qualifie de jouets de l'impérialisme américain ou les déguise en néonazis. La voix des Ukrainiens et des Géorgiens ne compte pas à ses yeux. Tout comme ne compte pas la voix des millions de Syriens qui sont sortis sur les places contre la tyrannie de Bachar al-Assad et se font depuis massacrer pour la seule raison d'avoir voulu vivre libres. Pour ne pas déplacer ses vieux meubles, cette gauche prétendument « anti-impérialiste » a méthodiquement relayé la propagande de l'Empire qui cherchait, par tous les moyens, à réprimer des insurrections populaires.

Elle s'affirme « contre la guerre », mais je ne l'ai vue ni dans les manifestations clairsemées dénonçant

1. Jean-Luc Mélenchon sur son blog personnel le 25 février 2014 : « Ukraine. Cette fois-ci c'est un putsch ! ». Puis, interrogé en mars 2014 sur la situation en Crimée : « Les Russes sont en train de prendre des mesures de protection contre un pouvoir putschiste aventurier ».

l'anéantissement des Tchétchènes, ni dans les marches de solidarité avec Alep réduite en cendres. J'ai vu par contre Jean-Luc Mélenchon, son leader «pacifiste» proclamer à la télévision en février 2016 que Poutine allait «régler le problème»[1] en Syrie alors que les avions russes rasaient les villes rebelles. L'écrivaine syro-britannique Leila al-Shami remarque au sujet de la gauche anglaise de Jeremy Corbin qu'elle proteste avec véhémence contre la (très timide) réplique occidentale aux massacres chimiques d'Assad bien plus volontiers que contre les crimes innombrables de son régime : «Aucune indignation lorsque des barils d'explosifs, des bombes chimiques ou du napalm sont envoyés sur des communautés auto-organisées démocratiquement, des hôpitaux et des secouristes. Les civils sont mortels, pas les infrastructures militaires d'un régime fasciste génocidaire. En vérité, le slogan "Pas touche à la Syrie" (*Hands off Syria*) signifie "Pas touche à Assad" et s'accompagne souvent d'un soutien à l'intervention militaire russe[2].» Il en va de même en France avec Jean-Luc Mélenchon et ses amis. La parole des «premiers concernés» n'a plus de valeur quand ils sont Syriens, Tchétchènes ou Ukrainiens et meurent sous les bombes de Poutine.

---

1. Dans l'émission «On n'est pas couché» du 20 février 2016.
2. «The 'anti-imperialism' of idiots», Leila's blog, 14 avril 2018. [En ligne]

Dans une tribune du début de l'année 2022, les dirigeants du parti progressiste polonais Razem («Ensemble») exhortent leurs camarades ouest-européens à sortir de leur égocentrisme et de leurs obsessions narcissiques. La lettre commence ainsi : «Chère gauche occidentale, on ne vous demande pas d'aimer l'OTAN, mais la Russie n'est pas l'acteur menacé ici.» Ils demandent juste à être écoutés : l'impérialisme qui menace leur démocratie, massacre à leurs frontières et parraine l'ensemble des extrêmes droites européennes, c'est la Russie de Poutine, pas l'Amérique de Biden. Et si nous voulons construire une alternative à l'OTAN, il faut d'abord nous entendre sur la défense de l'Europe face au fascisme qui sévit à nos portes. Cet appel a déjà été lancé de Syrie, d'Ukraine, de Géorgie et d'ailleurs. Toujours en vain. Pourquoi ? Parce que l'ennemi (la Russie) de notre ennemi fondamental (les États-Unis) ne saurait être notre ennemi fondamental : voilà comment raisonne cette gauche insensible à la lutte des Ukrainiens ou des Syriens[1].

Nous ne sommes d'accord ni sur la menace principale qui pèse sur la sécurité européenne, ni sur les moyens de protéger nos cités. La France insoumise prône la sortie de l'OTAN tout en s'opposant

1. Le même raisonnement s'applique à la Chine. C'est lui qui conduit la France insoumise à ne pas voter la résolution condamnant le génocide des Ouïghours à l'Assemblée nationale.

à l'Europe de la défense : comment protéger nos démocraties si nous quittons l'Alliance atlantique sans donner au préalable à l'Union européenne les moyens d'assurer elle-même sa sécurité ? Pour compenser un éventuel retrait américain de l'architecture de sécurité continentale, les nations européennes devraient collectivement dépenser, annuellement et sur plusieurs décennies, des centaines de milliards de dollars de plus que ce qu'elles ont déjà annoncé comme hausse des budgets militaires (entre 280 et 350 milliards par an selon les différents scenarii[1]). Sommes-nous prêts à assumer ce coût de la non-coopération transatlantique ? Alors il faut le dire, puis expliquer comment nous comptons nous y prendre. Et si nous ne sommes pas prêts à le faire, allons-nous annoncer aux citoyens européens que nous avons décidé de les laisser sans protection ? La défense n'est pas un sujet mineur ou une matière optionnelle sur laquelle on peut faire l'impasse au moment des révisions du bac. Qu'avons-nous à en dire ? Quelle doctrine portons-nous concernant la dissuasion nucléaire française ? Que proposons-nous comme garantie de sécurité à nos partenaires baltes, polonais ou finlandais ? Faut-il oui ou non réarmer massivement nos cités ? Et doit-on le faire

1. IISS Report, *Defending Europe : scenario-based capability requirements for NATO's European members,* 10 mai 2019. [En ligne : https://www.iiss.org/blogs/research-paper/2019/05/defending-europe].

en donnant à l'Union les moyens de coordonner les efforts fournis par nos nations ou bien refuse-t-on toute approche européenne des enjeux de défense ?

Ces questions ne peuvent être éludées. Le premier devoir de l'autorité politique est de protéger la cité. Je me bats pour que l'Union européenne développe des capacités autonomes de défense parce que je ne peux me résoudre au fait de dépendre du vote des électeurs du Michigan tous les quatre ans pour savoir si Vilnius, Riga ou Berlin seront protégées ou non. Les États-Unis sont un allié essentiel dans le soutien à l'Ukraine et la défense de l'Europe face à Poutine, mais dépendre exclusivement d'eux relève d'une forme de folie. Nous ne maîtrisons pas l'évolution du débat public américain et nous n'avons aucune visibilité sur les prochaines échéances électorales outre-Atlantique : il nous faut donc commencer à grandir et passer du statut d'enfant à celui d'adulte. Cela suppose d'investir massivement dans la défense : toute la gauche est-elle d'accord ? Évidemment pas, à en juger par certaines réactions outrées à l'augmentation du budget des armées annoncée par Emmanuel Macron. Nous sommes aux antipodes les uns des autres sur ce sujet. Le moment est venu de trancher sur l'essentiel : les questions de sécurité, de guerre et de paix.

Il n'y a plus d'échappatoire. Lorsque Jean-Luc Mélenchon répond en février 2023 à un journaliste qui l'interroge sur les demandes d'armes du Président Zelensky que la France n'est pas « un magasin de fournitures »[1], il rejette avec dédain le soutien militaire à la résistance ukrainienne qui est non seulement un impératif de solidarité avec une nation en lutte pour sa liberté, mais aussi essentiel pour notre propre sécurité. Sous les habits dignes du « pacifisme » se cache le consentement au triomphe du tyran et, face à la guerre qui ébranle l'Europe, le « non-alignement », c'est-à-dire le refus de désigner le fascisme poutinien comme ennemi principal, consiste à laisser le champ libre à un régime qui a fait de la déstabilisation de nos démocraties sa raison d'être. Dans l'affrontement en cours, la gauche française (et européenne) doit choisir son camp[2].

1. Dans l'émission « Face à BFM » du 9 février 2023.
2. J'ai, depuis longtemps, choisi le mien : le camp des Tchétchènes et des Syriens massacrés, le camp des résistants ukrainiens, le camp des démocraties européennes faisant face à un ennemi irréductible que je n'ai cessé, toute ma vie d'adulte, de combattre.

ACTE III

LA RÉSISTANCE

C'est l'histoire d'Oleksei, jeune agriculteur du village de Chyroka Balka, dans le sud-est de l'Ukraine. Au lendemain de l'occupation de sa région par les troupes russes, il fonde un groupe de partisans et œuvre derrière les lignes ennemies à la libération de sa terre.

C'est l'histoire de Lesia, vendeuse dans une parfumerie de la capitale. Elle s'engage dès les premiers jours de l'invasion, libère Borodyanka au printemps, se blesse vers Mikolaïv deux mois plus tard, est soignée à Kyiv et s'apprête à retourner à l'Est lorsque je la rencontre en août : «Avant la guerre, je n'aurais même pas pu imaginer tenir un fusil à la chasse, mais aujourd'hui je ne me vois nulle part ailleurs que sur le front.»

C'est l'histoire de soldats et de paysans, de musiciens et de mécaniciens, d'étudiantes et de professeures, de graphistes et d'ouvriers, d'infirmières et d'entrepreneuses, de sportifs et de chanteurs, l'histoire d'une résistance civile et militaire qui étonne le monde. C'est l'histoire, à travers elle et par-delà les frontières de l'Ukraine, de démocraties comprenant soudainement que rien n'est jamais acquis et qu'il leur faudra se battre pour continuer à vivre. C'est l'histoire qui reste largement à écrire d'un grand sursaut européen…

Le courage ukrainien

Les services russes, américains, français ou allemands ne convergent pas souvent dans leurs analyses, mais, au début de l'année 2022, ils prévoyaient tous la chute rapide de Kyiv en cas d'invasion massive. Que serait-il arrivé s'ils avaient vu juste, si Volodymyr Zelensky avait accepté l'exfiltration proposée par Joe Biden et ne lui avait pas répondu « Je n'ai pas besoin d'un taxi, j'ai besoin de munitions » ? Que se serait-il passé si l'État ukrainien s'était effondré et si Poutine avait gagné son pari criminel ?

J'ai déjà assisté au film tant de fois que je peux vous livrer le scénario sans grand risque de me tromper : face à l'entrée des troupes russes dans la capitale, les dirigeants européens multiplient les condamnations outrées et annoncent avec emphase des sanctions « spectaculaires » qui se révèlent somme toute mesurées lorsqu'on les analyse à froid. Des manifestations massives ont lieu à Varsovie et à Vilnius, un peu moins impressionnantes à Paris et à Rome. Des réunions solennelles sont organisées dans tous les forums internationaux. Puis, au bout de quelques semaines ou de quelques mois, les ministres et les éditorialistes les plus « réalistes » commencent à dire qu'il faut « tenir compte des réalités », que rien n'est jamais « tout blanc », ni « tout noir » dans la vie, que les Ukrainiens sont quand même « plus divisés qu'on ne le croit », qu'il ne faut jamais oublier que certains d'entre eux parlent russe, que les Occidentaux avaient jadis « promis » à Gorbatchev de ne pas étendre l'OTAN et que la Crimée a été donnée à l'Ukraine par Khrouchtchev un soir de beuverie... Pensant de plus en plus au « gaz-qui-chauffe-l'hiver » et de moins en moins au « droit-international-qui-ne-fait-pas-cuire-le-bifteck », conscientes que les sanctions mises en place ont un coût et qu'elles ne font pas plier un Kremlin victorieux par les armes, préoccupées par des problèmes intérieurs et d'autres tensions internationales, les démocraties européennes choisissent progressivement d'avoir la « paix ». Jusqu'à la prochaine guerre, plus proche encore. Vilnius et Riga savent qu'elles sont désormais en première ligne. Forts de leur succès et encouragés par la faiblesse de nos réactions, les dirigeants russes préparent déjà la prochaine étape.

Mais cela ne s'est pas passé ainsi. Parce qu'une nation est entrée en résistance. Tout part de là, de ce détail que les stratèges avaient minoré dans leurs calculs savants : le courage d'un peuple. Oui, l'Ukraine a réhabilité l'idée de courage en Europe. Non pas le courage comme qualité individuelle (il y a toujours eu des gens braves, même dans les sociétés les plus endormies), mais le courage comme vertu collective, le courage comme fait politique. Du président Zelensky à Oleksei et Lesia, tous les Ukrainiens ont fait face à un choix vital le 24 février 2022. Qu'autant d'entre eux aient au même moment fait le même choix, celui de la résistance, transforme le courage personnel ainsi répété à l'infini en événement social et géopolitique majeur.

Antithèse de la lâcheté et de la soumission, du renoncement et de la corruption, le courage n'est pas non plus la témérité ou le virilisme. Il ne se mesure pas aux décibels émis ou à la violence des mots prononcés. Il s'oppose à l'*hybris*, la démesure que les anciens Grecs redoutaient tant. Si l'*hybris* du guerrier ne reconnaissant aucune limite à sa violence ébranle les bases de la cité, le courage du citoyen prêt au sacrifice ultime en forme le socle le plus solide. Il se distingue à la fois de la lâcheté du collaborateur et de l'exubérance du conquérant ou du fanatisme du terroriste. Il ne se manifeste pas en bombant le torse, mais en se tenant droit face à la tempête. Le résistant fait la guerre non parce qu'il l'aime ou parce qu'il la veut (c'est le cas du fanatique ou du conquérant), mais parce qu'elle lui tombe dessus et que la seule alternative au combat serait de renoncer à être.

Dans son adresse vidéo au Parlement britannique le 8 mars 2022, Volodymyr Zelensky, l'ancien acteur comique devenu président par surprise puis chef de guerre malgré lui, cite la plus célèbre tirade du répertoire tragique européen : « La question qui nous est posée est simple : "Être ou ne pas être ?" C'est la vieille question shakespearienne. Pendant treize jours, cette question a pu se poser, mais maintenant je peux vous donner une réponse ferme. C'est définitivement *être.* » La grande question de Hamlet trouve à Kyiv une réponse simple. L'affirmation des Ukrainiens – *être* – face à la négation de leur existence par les Russes nous rappelle que la démocratie n'est pas nécessairement hésitante, que le droit n'est pas obligatoirement plus faible que la force. La mise en échec des plans de Poutine par la résistance que dirige Zelensky est une victoire de l'idéologie civique sur les *poniatia* mafieuses célébrées par Lavrov et sur « l'empire du crime » dépeint par Lang et Chalamov.

Je suis allé à plusieurs reprises à Kyiv depuis ce jour fatidique du 24 février 2022 et j'ai été à chaque fois frappé par la sérénité des Ukrainiens pris dans le tourbillon de la guerre. Les militaires ne jouent pas aux Rambos, ils parlent d'une voix calme et témoignent d'une confiance dénuée de forfanterie. Les civils oscillent entre une fierté sans outrance et une tristesse sans pathos. Il y a un étrange sens de la mesure au cœur de la catastrophe. Même les reproches adressés à cette vieille Europe, qui hésite à livrer les tanks et les avions réclamés, sont formulés avec une forme de compassion pour l'interlocuteur français ou allemand : «Au fond nous aurions sans doute agi comme vous, à votre place, loin du sang et loin des morts», me glisse un diplomate après avoir partagé sa frustration d'être transformé en suppliant par la pusillanimité européenne – comme pour apaiser mon désarroi.

En Ukraine, chacun semble à sa place, conscient de participer à quelque chose qui le dépasse. Chacun fait «sa» part et «sa» guerre. Mon ami Giorgi, ancien communicant reconverti en responsable d'orphelinat, m'explique : «Nous savons tous pourquoi nous existons désormais, à quoi nous servons, ce que nous faisons sur cette Terre. Je crois que nous nous sommes trouvés en cessant de nous appartenir.» Jadis en perpétuelle excitation, sautant de projet en projet, de passion en passion, il me paraît soudain apaisé. Je lui fais remarquer ce changement alors que nous marchons dans les rues de Kyiv à la fin de l'été dernier : « C'est vrai, c'est comme si une nouvelle personne avait pris place dans mon corps. En fait, c'est comme si nous étions tous nés à nouveau le 24 février. » C'est l'autre histoire que je veux raconter. L'histoire de l'antidote au poison lent du délitement et du renoncement. L'histoire du retour en grâce de la vertu civique et du courage politique. L'histoire, en chacun de nous, du citoyen prenant le pas sur l'individu.

Je le répète depuis un an et ne cesserai de le répéter : nous avons besoin de l'Ukraine autant qu'elle a besoin de nous. Pas seulement comme ligne de défense vitale pour la sécurité collective de notre continent. Pas seulement parce qu'elle bloque l'avancée d'un ennemi ayant nos démocraties en ligne de mire depuis des années. Pas seulement parce qu'en luttant pour sa liberté, elle combat aussi pour la nôtre. Nous avons besoin de l'Ukraine pour quelque chose de plus immatériel. Nous avons besoin de l'Ukraine parce qu'elle regorge de l'énergie vitale qui nous manque. Parce qu'elle démontre chaque jour un enthousiasme pour la démocratie et le projet européen si rare dans nos nations qui les considèrent comme acquis. Nous avons besoin de l'Ukraine pour réapprendre à dire et aimer ce que nous sommes. Pour croire à nouveau en nous-mêmes.

Il n'est évidemment pas ici question de nature, mais de situation historique. L'Ukraine n'est pas « mieux » en soi que la France ou l'Allemagne. Elle était il y a peu encore l'un des pays les plus corrompus du monde. Tout s'y achetait et s'y vendait, à commencer par la classe politique. Je me souviens de ma visite du palais délirant de l'ancien président pro-russe Viktor Ianoukovitch après sa chute en février 2014, de son zoo privé, de ses vieilles Mercedes ayant appartenu à des dignitaires nazis exposées aux côtés d'une Batmobile et d'une ribambelle de voitures de luxe, de ses salles de bains d'or et de marbre… Je me souviens aussi de son antithèse, un jeune révolutionnaire des Carpates qui nous avait accueillis et guidés, les clés du palais attachées à la ceinture et le sourire aux lèvres : « Ces gens ont cru être des dieux. Ils ne nous pardonneront jamais d'être redevenus des hommes. Mais, si la mort me rattrape avant l'âge, au moins aurais-je vécu leur chute… » J'ignore ce qu'est devenu notre hôte, mais je sais qu'en Ukraine, la vie menacée a généré des anticorps puissants au virus qui la ronge. Et que nous avons tous besoin de ces anticorps.

Alors que l'illusion de la paix perpétuelle conduit chaque acteur social à se croire autosuffisant et à ressentir le moindre empiètement de la puissance publique sur son espace privé comme une violation insupportable de ses droits, menant progressivement au délitement du corps social, au refus du consentement à l'impôt ou au rejet des normes communes, la perspective de l'effondrement collectif peut amener chaque partie à saisir qu'elle a besoin du Tout pour survivre. Voilà pourquoi à Athènes, la figure de l'hoplite, le soldat-citoyen, était consubstantielle à la démocratie. À travers elle, le citoyen rappelait à l'homme qu'il pouvait exiger de lui le sacrifice ultime au nom de la survie de la cité. Elle incarnait la suprématie de l'intérêt général sur l'intérêt particulier. En Ukraine, les individus ont vu la mort de leur nation se dessiner et leur propre mort se mirer en elle. Ils sont devenus les hoplites du XXIe siècle.

C'est parce que la démocratie leur semble éternelle que tant de gens la méprisent. Les meubles de la salle à manger paraissent plus précieux que les fondations de l'immeuble aux yeux de ceux qui n'imaginent pas une seconde qu'il puisse un jour s'effondrer. Mais lorsque les murs de la maison commune tremblent, l'attachement au canapé du salon devient plus relatif. Le poète allemand Hölderlin a écrit un vers qui me suit depuis l'adolescence : « Là où croît le péril croît aussi ce qui sauve. » Partant des mots du poète, le philosophe Heidegger poursuit : sans « être en vue de la mort », il n'y a pas d'existence « authentique », c'est-à-dire d'existence consciente d'elle-même et réellement libre. L'individu et le peuple qui vivent sans se confronter à leur finitude radicale versent naturellement dans le conformisme. Prisonniers des chaînes du mimétisme, ils mènent une vie d'automates. Un corps politique qui se croit perpétuel perd le sens de l'urgence, s'enfonce dans l'éternelle reproduction du même et finit par ne plus avoir de conscience claire de sa propre identité. Drogué au confort d'une vie évacuant la possibilité de la mort, il oublie pourquoi il existe et ce qui le soude. L'antidote à la corruption et au délitement naît de la prise en compte de la menace externe et interne qui pèse sur la cité. C'est la perspective de l'effondrement qui conduit au sursaut.

Made in Taïwan

Nul besoin d'être envahis, bombardés, massacrés comme les Ukrainiens pour saisir que nos démocraties sont mortelles, il suffit d'envisager *sérieusement* leur chute. Pas comme une simple hypothèse que l'on met à distance en se disant qu'il en existe d'autres et qu'avec de la chance on sortira indemne des crises que l'on traverse sans rien changer, ni comme une figure de style ponctuant des discours pompeux sur « le retour du tragique de l'Histoire », mais comme ce qui arrivera *nécessairement* si nous laissons les choses filer. L'anticipation de la mort n'est pas une esthétique, mais une expérience philosophique et politique fondamentale. C'est la conscience de sa finitude radicale qui rend la cité radicalement vivante. Pour le saisir, envolons-nous un instant pour Taïwan, l'île rebelle qui a réussi à bâtir une démocratie vibrante à l'ombre de la menace existentielle que fait peser sur elle en permanence le régime communiste chinois.

J'ai présidé en novembre 2021 la première délégation officielle du Parlement européen à Taïwan. Par peur de froisser Pékin, l'institution n'avait jusqu'alors jamais osé pareille démarche. Partant du principe que nous ne faisons pas toujours mieux que tout le monde, notre commission spéciale entend étudier la manière dont d'autres démocraties luttent contre les ingérences des régimes autoritaires. Or quelle société ouverte subit plus d'attaques hybrides que Taïwan ? Les manœuvres militaires, les cyberattaques, les campagnes de manipulation de l'information et les tentatives de corruption venues de Pékin y sont constantes. Nous avons voulu observer la manière dont les Taïwanais organisaient leur résistance et voir si certaines de leurs recettes pouvaient être transposées chez nous.

J'ai admiré sur place les prouesses des équipes de l'ancienne hackeuse Audrey Tang, ministre en charge de la démocratie numérique et de la lutte contre la désinformation. J'ai pris note du travail législatif du Parlement et de l'organisation des services de sécurité. J'ai observé la coopération entre l'administration, les think tanks et les citoyens... Mais ce qui m'a le plus frappé n'est ni codifiable, ni transposable : c'est l'état d'esprit. Et en particulier l'état d'esprit des fonctionnaires. Nos vieilles démocraties seraient bien incapables en l'état d'appliquer les principes de la *task force* d'Audrey Tang. En l'écoutant parler de l'impératif de rapidité (une réaction dans les deux heures qui suivent la détection d'une manipulation de l'information sur les réseaux sociaux) ou du rôle de l'humour pour casser la chaîne de transmission de la désinformation (en tournant en dérision la *fake news*, notamment via la production de mèmes hilarants), je souriais en imaginant ce que feraient de tels préceptes nos chers bureaucrates. Les méthodes efficaces à Taipei tourneraient au fiasco à Paris ou à Bruxelles. Les règles ne sont pas grand-chose sans l'*ethos* (la façon d'être) qui les sous-tend.

Comment par exemple reproduire chez nous les séquences de démocratie participative qui fonctionnent si bien à Taïwan ? Des millions de citoyens participent à la boîte à idées sur la réforme de la fonction publique. Le but est à la fois de vivifier le débat civique, de diffuser le sentiment que chacun est copropriétaire de l'administration, de trouver des bonnes idées de changements et de promouvoir les fonctionnaires les plus innovants. Audrey Tang explique le processus : « Nous identifions les auteurs de propositions originales et nous les faisons monter dans la hiérarchie. Ils échappent ainsi à leurs supérieurs bureaucratiques qui auraient progressivement éteint leur imagination dans une administration classique. Cela marche plutôt bien, c'est vrai. Mais nous n'avons pas beaucoup de mérite : nous ne pouvons tout simplement pas nous payer le luxe d'être une démocratie bureaucratique. La menace constante du Parti communiste chinois nous empêche de nous assoupir et de nous encroûter. » La conscience partagée du péril met la cité en mouvement.

La ministre taïwanaise retrouve ici l'antique leçon d'Eschyle et des tragiques grecs. Dans le cycle de l'*Orestie*, qui raconte la naissance d'Athènes, tout commence par le chaos et la violence. Le roi des rois, Agamemnon, sacrifie sa fille Iphigénie pour obtenir des dieux les vents permettant aux Grecs de partir à la conquête de Troie. Sa femme, Clytemnestre, ne lui pardonne pas son crime et, au retour des vainqueurs dix ans plus tard, elle l'assassine. Indignée, leur fille Électre pousse son frère indécis, Oreste, à venger son père en tuant sa mère. Les mânes de la reine défunte exigent à leur tour le sang du matricide. Les déesses de la nuit, les Érinyes, se mettent en chasse. Craignant que cela ne s'arrête jamais, Athéna convoque un tribunal chargé de décider si Oreste doit payer pour son crime. Les jurés se divisent en deux parts égales et Athéna tranche : elle déclare Oreste coupable, mais annonce aussitôt qu'il sera pardonné pour briser le cycle des vengeances, qu'une nouvelle cité verra le jour sur le lieu même du procès (Athènes) et que celle-ci érigera en son cœur un temple dédié aux Érinyes, promues protectrices de la ville et renommées les Euménides. C'est là le génie d'Eschyle et des Athéniens : les Érinyes n'ont pas été chassées comme les rebuts d'un temps révolu et le chaos des origines n'est pas congédié par le nouvel ordre politique. La menace existentielle n'est pas niée, elle est sanctuarisée. Les Euménides veillent sur la cité en lui interdisant l'illusion de l'éternité et en empêchant les citoyens de céder à la tentation du confort. Elles maintiennent Athènes sous pression et sont ainsi à la source de sa puissance.

Les démocraties européennes ont congédié les Euménides après la chute du mur de Berlin. Elles ont oublié les tragiques grecs et ont nié leur finitude, géographique et temporelle. Taïwan ne peut s'offrir ce luxe et pareille impossibilité donne à sa démocratie une vitalité particulière. Le service public y attire les jeunes les plus dynamiques, qui auraient chez nous fondé une *start-up* ou lancé une ONG. « Quand votre État est attaqué tous les jours, nié dans son existence même par un voisin si puissant et si menaçant, le servir devient l'aventure la plus excitante qui soit », me confie une haute fonctionnaire à peine trentenaire du ministère des Affaires étrangères. En entrant dans une administration taïwanaise, on a souvent l'impression de pénétrer dans un incubateur ou une AG étudiante. La cité en péril n'a pas le droit de vieillir. Les meubles deviennent l'ennemi, la bureaucratisation est proscrite et le surplace est banni[1].

Une révolution mentale

Il est indéniable que la corruption est facilitée par la déficience de nos législations et le manque de transparence de nos institutions. Voilà pourquoi, dans la foulée du *Qatargate*, nous avons poussé

1. Dans ses magnifiques *Discours sur la Première décade de Tite-Live*, Machiavel voit dans ce mouvement permanent la source de la puissance et la raison de la grandeur de la république romaine. Les institutions républicaines sont durables précisément parce qu'elles ne figent rien et épousent les agitations constantes du corps social. Un système politique qui conduit à l'inertie est comme du bois mort, privé de sève, facile à briser. La démocratie qui cesse de bouger se corrompt et finit par mourir.

pour changer les règles internes et les pratiques du Parlement, rendre obligatoire le registre de transparence et l'étendre à l'ensemble des députés comme de leurs assistants, réguler les conflits d'intérêts des dépositaires de la volonté générale que sont les élus et la pratique des «portes tournantes», qui transforment les députés en lobbyistes et les lobbyistes en députés, créer une Haute Autorité de la transparence de la vie publique européenne capable d'enquêter et de sanctionner les comportements délictueux des représentants du peuple. Mais, quand bien même serions-nous capables de rapidement mettre en place toutes ces mesures nécessaires, cela ne suffirait pas. Car la corruption n'est pas qu'une affaire de normes et de codes, c'est d'abord un problème d'état d'esprit, une question de vertu civique[1] et d'*éthos* politique.

Nous touchons là à la limite à laquelle je me suis heurté pendant nos deux ans et demi de travaux au sein de la commission spéciale sur les ingérences : une révolution mentale ne se décrète pas dans un rapport parlementaire. Voté en mars 2022, notre rapport contient des dizaines de recommandations précises sur

1. Je ne parle pas ici de la vertu privée des bigots – chacun fait ce qu'il veut de sa vie intime – mais de la vertu publique que Machiavel voit comme la sève de la cité : le dévouement à l'intérêt général et le courage de le défendre contre les intérêts particuliers ou corporatistes. Cette vertu n'est pas morale, mais politique.

les mesures à prendre, les investissements à réaliser, les réorganisations administratives à effectuer et les changements de doctrine à opérer. Mais rien de tout cela ne fonctionnera si la volonté politique n'est pas au rendez-vous, si les dirigeants ne changent pas profondément d'attitude. Le cas de l'Australie est fascinant à ce propos. Sur le papier, la législation australienne est l'une des plus avancées au monde dans la lutte contre les ingérences étrangères et nous sommes donc partis en mission à Canberra et à Melbourne pour enquêter et apprendre.

Face aux pressions répétées et aux intrusions massives du régime chinois, après des années de cécité volontaire, la classe politique australienne s'est réveillée. Une loi sur la transparence encadrant strictement le lobbying a été votée, puis une seconde, particulièrement intéressante, criminalisant l'ingérence étrangère et ses relais, une troisième scrutant les investissements dans les secteurs stratégiques... Des institutions dédiées ont été créées mettant fin aux silos qui rendent nos bureaucraties inefficaces face aux menaces hybrides et organisant la coopération entre des ministères et des agences qui jusqu'ici travaillaient dans leur coin. Les services de sécurité ont accepté de coopérer avec les institutions civiles et judiciaires. L'écosystème législatif et institutionnel semble donc parfaitement en place.

Mais l'approche dite «*country agnostic*», agnostique en matière de pays, consistant à ériger des règles universelles sans cibler l'adversaire qui s'ingère *concrètement* dans les affaires australiennes, en l'occurrence la Chine, pour ne pas créer de tensions diplomatiques ou commerciales avec Pékin, produit des résultats surprenants. Les premiers lobbyistes à s'enregistrer sur les registres publics d'agents de l'étranger sont ceux qui travaillent pour la Couronne britannique, pas ceux qui agissent pour le Parti communiste chinois. Or la menace pesant sur la sécurité nationale australienne ne vient pas de Londres a priori et le ministère de la Défense de Canberra ne songe probablement pas à la Navy quand il prévoit, dans ses notes stratégiques, un conflit militaire dans les dix ans qui viennent. Être «agnostique» condamne à prendre des mesures universelles contre une menace particulière au risque de rater la cible véritable et de proscrire l'inoffensif.

Soyons réalistes : les «retraites dorées» versées à nos anciens dirigeants par des entités étrangères ne représentent pas un risque identique pour notre sécurité collective quand il s'agit de Huawei ou d'une entreprise canadienne, de Gazprom ou d'une société norvégienne. Incapables d'assumer clairement cette évidence, nous nous trouvons, en tant que législateurs, face à des dilemmes difficiles à surmonter : faut-il interdire toute reconversion dans le privé à nos gouvernants et à nos élus ? Ce n'est ni souhaitable, ni possible. Personne ne rejoindrait la politique ou le service public si nous le faisions. Alors que devons-nous proposer ? Une simple « période de refroidissement » ou de latence durant laquelle nos anciens dirigeants ne pourront pas faire de lobbying auprès des institutions pour le compte d'une entreprise privée ou d'un État étranger ? Ce serait un premier pas, mais largement insuffisant : Schröder aurait juste dû patienter quelques mois de plus avant d'être payé par Gazprom, ce qui n'aurait strictement rien changé à la suite de l'histoire.

Notre refus de nommer les menaces et d'établir des listes d'entités – entreprises et fondations – problématiques pour notre souveraineté nous mène dans l'impasse. « Une telle liste serait une bombe ! » répète-t-on partout. Partout, sauf dans certains services de sécurité intérieure frustrés par la réticence du politique à assumer les réalités qu'ils ont à gérer. Le géant chinois Cosco rachetant les infrastructures portuaires européennes les unes après les autres, ce n'est pas la même chose qu'un investissement brésilien dans un terminal céréalier. Pourquoi feindre de répondre à une menace universelle lorsque les périls sont clairement identifiés par nos services ? Parce que nous avons peur des répercussions politiques et commerciales. Notre volonté de ne pas froisser les régimes qui s'ingèrent dans nos démocraties risque de conduire les nations européennes à une inflation législative aussi dangereuse en termes de libertés qu'inefficace en matière de sécurité.

Certaines sanctions prises contre la Russie à la suite de l'invasion de l'Ukraine prouvent que nous pouvons agir autrement : l'interdiction de la chaîne de télévision russe RT, instrument de la guerre hybride du Kremlin contre nos démocraties depuis des années, ne vise pas toutes les chaînes de télévision structurellement liées à des États étrangers. Elle cible RT comme menace spécifique car RT *est* une menace spécifique. De la même manière, les démissions en cascade des dirigeants européens des conseils d'administration des grandes entreprises russes depuis le 24 février 2022 ne résultent pas d'une loi cadre, mais d'une prise de conscience politique[1]. Une banque canadienne est moins dangereuse que *Bank Rossiya*, la caisse noire du clan poutinien : ce n'est pas très compliqué à comprendre ou à dire. Alors pourquoi avoir attendu

1. Confrontés à l'invasion russe en Ukraine, les anciens dirigeants européens employés d'entreprises russes proches du Kremlin ont été contraints de quitter leurs postes, mais pas toujours de leur plein gré. Gerhard Schröder a longtemps refusé de se retirer du conseil d'administration de Rosneft. Il démissionne finalement après l'annonce de sanctions du gouvernement fédéral allemand (la privation de ses avantages acquis en tant qu'ancien chancelier) en mai 2022. Mais à ce jour, il est toujours président du conseil d'administration de Nord Stream 2. Pour les autres dirigeants cités dans ce livre, se référer à la note page 47.

l'invasion totale de l'Ukraine pour le comprendre et le dire ? Parce qu'il nous fallait un cataclysme pour trouver en nous le courage de nommer l'évidence. Attendrons-nous donc l'invasion de Taïwan et une guerre en mer de Chine pour saisir que siéger au CA de Huawei quand on a été ministre de la République pose problème ?

Retrouver la politique

La révolution mentale que nous devons mener consiste à remettre le politique au poste de commandement. Faire primer l'intérêt général sur les intérêts particuliers et les considérations de sécurité sur les enjeux commerciaux, ne revient pas à inventer un monde nouveau, mais simplement à remettre les choses à l'endroit… J'aimerais partir de mon lieu de travail et vous inviter à un bref voyage dans les méandres des commissions parlementaires européennes pour rendre palpable cette inversion de l'ordre des choses à laquelle nous nous sommes habitués ces dernières décennies. Je siège à la fois en commission des affaires étrangères (AFET) et en commission du commerce international (INTA). La première est chargée d'établir les priorités géopolitiques de l'Union, la seconde d'élaborer ses politiques commerciales. Notre politique commerciale devant a priori correspondre à nos orientations géopolitiques, la commission du commerce international devrait logiquement suivre les recommandations de la commission affaires étrangères. Je constate chaque jour à quel point ce n'est pas le cas : elle fixe son propre agenda et prend ses décisions en totale autonomie, comme si le commerce échappait à la politique, suivait sa propre logique et servait ses propres buts.

Les messages émanant de ces deux commissions sont parfois contradictoires. Prenons l'exemple des positions du Parti populaire européen (parti de la droite européenne) sur l'accord d'investissement avec la Chine. Les députés conservateurs en commission des affaires étrangères étaient quasiment tous pour une attitude plus ferme envers Pékin alors que les députés conservateurs en commission du commerce international étaient quasiment tous pour signer l'accord avec le régime chinois. Cette contradiction vient de la séparation de ce qui n'aurait jamais dû être séparé. L'autonomisation de ce qui est en principe un moyen (le commerce) au service d'une fin (la politique) a des conséquences profondes. Et il n'est pas difficile de comprendre qui perd et qui gagne à cette « compartimentation » (*Kompartimentierung*) de la politique et du commerce dont parlait

Angela Merkel pour justifier Nord Stream 2 : la fin (la politique) sans moyen est impuissante alors que le moyen (le commerce) se porte très bien sans fin puisqu'il devient alors automatiquement sa propre fin.

Il ne s'agit pas simplement d'une « compartimentation », mais d'une inversion des hiérarchies. Si nous sommes prêts à réformer véritablement notre institution, et plus globalement le fonctionnement de nos démocraties représentatives, il faut aller bien plus loin que la nécessaire modification des règles de transparence ou des codes de conduite et traduire dans l'organisation de notre travail le primat de l'intérêt général. L'inversion de la hiérarchie entre la fin et le moyen, le sens et la technique, le politique et l'économique que révèle la structure interne de notre Parlement se retrouve partout. La vision comique du monde qui domine depuis la chute du mur de Berlin et la proclamation de la fin de l'Histoire ont réduit les problèmes politiques à des questions techniques. Puisqu'il n'y a plus de grande querelle à trancher, il ne reste que des *bugs*. Or quand votre ordinateur bugue, vous faites appel à un technicien, pas à un philosophe. Vous voulez résoudre le problème, pas débattre de l'ordre des choses. Vous avez raison au sujet de votre ordinateur. Appliquez la même logique à la cité et vous la tuez à petit feu.

N'ayant plus conscience de son importance, la politique a laissé s'émanciper les acteurs qui devaient la servir. Elle a laissé l'administration fixer son propre cap, le commerce suivre ses propres buts et l'économie se présenter comme sa propre fin. En séparant les horizons de la politique (le législateur n'agit qu'à l'échelle de la nation ou de l'Europe) et de l'économie (une multinationale a un terrain de jeu mondial), la globalisation a logiquement entraîné la soumission de la première à la seconde. La politique a eu le choix entre deux manières d'accepter son déclassement : devenir une esthétique en faisant semblant de rester sa propre fin ou se résoudre à n'être qu'un moyen. Ou bien faire les deux en même temps. Voilà comment nos présidents successifs ont surjoué leur autorité tout en devenant de fait les VRP de Total et de Dassault. Voilà pourquoi les représentants des intérêts industriels et commerciaux ont remporté arbitrage après arbitrage contre les représentants des services de sécurité au sujet de la Russie ou de la Chine. Si l'Histoire est finie, si le tragique est évacué, alors pourquoi prendre au sérieux les préoccupations de sécurité ou de souveraineté ? Que pèsent les alertes des services face aux arguments sonnants et trébuchants des lobbyistes, si nous n'avons plus d'ennemi ?

Lorsque le chancelier Olaf Scholz se rend à Pékin en novembre 2022, il embarque dans son avion les patrons de Volkswagen, BASF, Siemens ou de la Deutsche Bank plutôt que des experts en géopolitique et en sécurité. Même après ce 24 février 2022 qui devait changer notre rapport au monde, il envoie un message clair : le commerce reste la priorité. La « compartimentation » est une escroquerie et les grands patrons ne sont pas « neutres » politiquement. Volkswagen réalise près de 40 % de ses ventes mondiales en Chine et, selon le *Financial Times*, près de 50 % de ses profits globaux. Le patron de Volkswagen a donc un intérêt vital à ce que Berlin et Bruxelles entretiennent de bonnes relations avec Pékin. Il va tout faire pour que le gouvernement allemand et la Commission européenne ne prennent pas de position trop dure à l'égard du gouvernement chinois, activant ses puissants réseaux au sein de la classe politique pour pousser à des attitudes conciliantes. Au Parlement européen, le Parti communiste chinois n'a pas besoin de lobbyistes, nos grandes entreprises, dépendantes de l'appareil productif et du marché chinois, font le travail à leur place. Du point de vue de Volkswagen ou de Siemens, c'est parfaitement logique. Du point de vue de l'intérêt général européen, c'est une hérésie.

Les grands groupes privés ont leur agenda politique et il peut heurter de plein fouet celui de nos nations. Lors du démembrement de Ioukos par le régime russe par exemple, le gouvernement américain sonne l'alarme, mais les entreprises occidentales, elles, se ruent à Moscou pour dépecer le cadavre. Y compris les majors américaines. L'une des raisons de l'offensive du Kremlin contre Khodorkovski était l'alliance qu'il s'apprêtait à nouer avec Chevron et Exxon. Qui se presse au portillon pour dévorer les restes de son entreprise alors qu'il est envoyé au bagne ? Chevron et Exxon naturellement. Thomas Graham, directeur pour la Russie au National Security Council à l'époque, constate, amer : « Le problème, c'était que chaque fois que nous disions aux Russes que leurs actions auraient un impact désastreux sur le climat d'investissement en Russie, une société occidentale se présentait et faisait une offre d'achat sur un bout de Ioukos. »[1] Vladimir Poutine a pu constater, à chaque fois que des grands groupes européens et américains ont fait la queue pour prendre part à ses initiatives critiquées par nos gouvernements, ce que pèsent réellement les mots des dirigeants politiques occidentaux. Nous condamnons l'annexion de la Crimée, annonçons des sanctions, et dans la minute, BASF ou Total se ruent au Kremlin avec de nouvelles idées de partenariats. C'est toujours la vieille phrase de Vladimir Lénine

1. In Catherine Belton, *Les Hommes de Poutine,* Talent Éditions, 2022.

qui donne le la : « Les capitalistes nous vendront la corde pour les pendre. » Lorsque l'époque redevient tragique, le politique doit donc impérativement reprendre les rênes de la cité des mains des businessmen et des financiers. Le réalisme exige de mettre au pas les intérêts privés qui entrent en contradiction avec les orientations géopolitiques de la cité quand la guerre frappe à nos portes.

L'exemple de Total est parlant. Contrairement à ses concurrents Shell ou BP, l'entreprise dirigée par Patrick Pouyanné a refusé de quitter la Russie dans la foulée de l'invasion de l'Ukraine[1] continuant ainsi de toucher pendant toute l'année, par exemple, les dividendes de sa participation (à hauteur de 19,4 %) dans Novatek, entreprise qui fournit en kérosène l'armée de l'air russe. Total a donc indirectement gagné de l'argent en 2022 grâce aux bombardements des villes ukrainiennes que notre gouvernement condamne vigoureusement par ailleurs. L'attachement de l'entreprise à la Russie s'explique simplement : près du tiers de ses réserves gazières s'y trouvent au début de l'année 2022. Or l'affichage de réserves abondantes détermine largement le cours de l'action des géants de l'énergie. La valeur actionnariale de Total et ses profits dépendent donc infiniment plus de ses relations avec

1. Total n'a amorcé son retrait, que très timidement, fin 2022.

Moscou que des desiderata de l'opinion publique française ou des résolutions du Parlement européen. Aux yeux de Patrick Pouyanné, il est normal de vouloir rester en Russie aussi longtemps que possible. Aux yeux du gouvernement français engagé dans un bras de fer avec Moscou, c'est une aberration. Ou du moins ça devrait l'être.

Si la guerre en Ukraine est pour toute l'Europe un cataclysme, elle est une aubaine pour Total et ses actionnaires. En faisant exploser les prix de l'énergie, elle a démultiplié les bénéfices de l'entreprise : 10 milliards d'euros au premier semestre 2022, soit trois fois plus qu'en 2021. 19 milliards d'euros sur l'ensemble de l'année. Un record absolu. 2,62 milliards d'euros ont même été versés aux actionnaires en acompte sur les dividendes exceptionnels. Comment définir cela autrement que comme des profits de guerre ? Or quelle a été la réaction du gouvernement français ? On se le demande encore. Alors que les factures énergétiques explosent et que les fins de mois sont de plus en plus difficiles pour tant de Français, comment justifier le fait de ne pas s'emparer, à travers Total, de la question de la taxation des superprofits ? Le très gauchiste Fonds monétaire international le préconise. L'Italie, la Grèce, la Roumanie et l'Espagne ont montré la voie. Historiquement, de nombreux pays ont lourdement imposé les superprofits en période de conflit : en 1940, les États-Unis ont même introduit une taxe allant jusqu'à 95 % sur les bénéfices exceptionnels des entreprises. Pourquoi la France a-t-elle refusé d'être moteur sur ce sujet et s'est-elle contentée de suivre les décisions prises à 27 ?

La taxation des profits de guerre est un enjeu de justice sociale, mais aussi de réalisme stratégique : la condition du consentement commun aux efforts exigés pour résister à Poutine est qu'ils soient équitablement répartis et que ceux qui bénéficient de la situation, fût-ce involontairement, soient mis à contribution à hauteur de leurs profits extraordinaires. Rien ne s'oppose à faire de la taxation des superprofits un marqueur essentiel du retour au primat de l'intérêt général sur les intérêts particuliers, y compris les plus puissants. Rien, sauf l'opposition de ces dits intérêts. Et l'absence de volonté au sommet de l'État.

L'écologie de guerre

L'année 2022 n'est pas une parenthèse.

Parce que la guerre va durer et son cortège d'horreurs grandir.

Parce que l'affrontement en cours détermine

l'avenir de notre continent et le fait basculer dans une nouvelle ère.

Parce qu'elle initie au sein même de nos cités un mouvement de transformation qui va s'inscrire dans le temps long.

Fin de notre dépendance au gaz russe, sobriété énergétique, relance de nos capacités industrielles, développement de nouveaux mécanismes de solidarité, retour de la politique au poste de commandement : les changements exigés par la guerre accélèrent des transformations qui étaient de toutes façons rendues inéluctables par le dérèglement climatique et le déclassement de nos nations. Le passage à «l'économie de guerre» qu'Emmanuel Macron évoqua à juste titre sans la mettre en place et l'impératif de la transition écologique imposent des décisions, des attitudes et des bouleversements similaires.

La guerre est toujours horrible, et la guerre de Poutine l'est particulièrement. Mais elle n'est pas «absurde» ou «insensée», comme on l'entend si souvent. La fameuse exclamation de Prévert – «Quelle connerie la guerre!» – est un peu limitée comme grille d'analyse d'un affrontement géopolitique majeur. La guerre a une logique et un sens. Notre rôle est de les déchiffrer, d'en tirer des leçons et d'inventer une voie nouvelle pour en sortir. C'est ce que firent, au cœur du conflit le plus violent de l'histoire humaine, les rédacteurs du programme du Conseil national de la Résistance – ou les concepteurs du National Health Service (NHS, le système de santé publique du Royaume-Uni) – et nous vivons encore sur les acquis de leur audace. C'est ce qu'ont toujours fait les démocraties plongées dans des guerres qu'elles n'ont pas voulues. C'est ce que nous devons faire aujourd'hui en construisant la puissance écologique européenne. En temps de guerre, l'autorité publique est renforcée face aux intérêts privés qui s'opposent habituellement aux transformations sociales. À condition de le vouloir et de l'assumer jusqu'au bout, elle peut imposer des changements qui semblaient impossibles en temps de paix.

En mars 2022, le philosophe et chercheur Pierre Charbonnier publie dans la revue *Le Grand Continent* un article important intitulé « La naissance de l'écologie de guerre ». Face à une tyrannie « fossile » ayant fait de notre dépendance énergétique une arme contre notre liberté et notre sécurité, la transition écologique devient un instrument d'autodéfense des démocraties européennes : « Les principes de l'écologie politique ne sont pas simplement ajustés au temps de la guerre, ils sont redéfinis et subordonnés à l'impératif de conduite de la guerre, intégrés dans une logique de confrontation dans laquelle l'ennemi est à la fois la source de la déstabilisation géopolitique et le détenteur de la ressource toxique. » Dans l'affrontement de nos démocraties avec un régime fondant sa puissance sur son gaz et son pétrole, l'écologie n'est plus simplement une fin en soi, elle devient un moyen d'atteindre une fin plus immédiate qu'elle-même : la sécurité. Et, paradoxalement, ce déclassement théorique lui donne une puissance politique inédite. Soudain, les dirigeants hier encore réticents à la transition énergétique constatent que notre addiction aux hydrocarbures nous rend faibles dans une situation historique – la guerre – qui interdit toute faiblesse.

Lier la guerre et la question énergétique relève du lieu commun. Charbonnier va beaucoup plus loin : l'énergie n'est plus ici le but réel ou supposé de la conquête, mais son instrument. Elle est une composante essentielle de l'offensive lancée par la Russie contre la sécurité collective européenne depuis de longues années déjà, comme nous l'avons vu en suivant les destins de Matthias Warnig et Gerhard Schröder. Vladimir Poutine ne fait pas la guerre *pour* les pipelines, mais *par* les pipelines. Parvenir à se défaire des hydrocarbures russes est primordial pour résister à son projet impérialiste. La sobriété est donc un bouclier protégeant nos nations importatrices de gaz et de pétrole : « La décarbonation de l'économie devient l'occasion de se débarrasser de l'incarnation contemporaine du totalitarisme, et par un renversement historique curieux, ce n'est désormais plus l'intensification énergétique qui rend possible la victoire, mais l'abstinence invoquée comme arme de guerre.»

Les débats sur l'écologie «punitive» et les «amish» disparaissent lorsque l'impératif de sobriété se formule dans la langue du réalisme stratégique et les ministres les plus libéraux se sentent obligés de porter des cols roulés. Il ne s'agit plus de «punir» les entreprises ou les particuliers, il s'agit de «punir» le tyran qui nous menace et nous attaque, de réaffirmer notre souveraineté face à un maître-chanteur qui rêve de disloquer l'Union européenne: «Alors que le sacrifice demandé par les écologistes à l'industrie et aux consommateurs pour atténuer le choc climatique était habituellement codé comme une contrainte lourde, incertaine, encombrante, ce même effort désormais requalifié en question de sécurité internationale, de subversion de la tyrannie, et d'une certaine manière de patriotisme, devient subitement non seulement acceptable, mais activement recherché», remarque Charbonnier. La sobriété n'est plus une restriction de notre puissance, mais la condition de l'affirmation de cette même puissance. Se contenir et se maîtriser, c'est se renforcer et non s'affaiblir lorsque la capacité de nuisance de l'adversaire se nourrit de notre incontinence et de notre surconsommation. Nous retrouvons ici l'*aidôs* des anciens Grecs – la pudeur sans dimension moralisatrice : l'autolimitation ou, donc, la sobriété. L'*aidôs* n'est pas l'effacement ou l'impuissance. Au contraire, elle rend durable la puissance.

En devenant un impératif sécuritaire immédiat, l'écologie change son rapport au temps. Et cela change tout. Car le problème majeur auquel se heurtent les scientifiques du GIEC et les défenseurs du climat est le même depuis les années 1980 : les mesures difficiles que l'on doit prendre aujourd'hui n'auront pas d'impact sur le climat avant dix ans, soit bien après la fin du mandat des dirigeants en place, auxquels il est donc demandé de risquer leur capital politique sans retour sur investissement. Cela revient de facto à miser l'avenir du monde sur la vertu, le courage et le désintéressement des hommes de pouvoir – hypothèse pour le moins hasardeuse. Ce problème apparemment insoluble est levé lorsqu'on démontre que la transition écologique répond à une exigence immédiate de sécurité ou d'autonomie. La transition n'exige pas que nous sacrifiions notre puissance au nom d'un bien supérieur difficilement palpable tant il est vaste (la survie du monde commun), elle nous rend *hic et nunc*, ici et maintenant, plus puissants que nous l'étions.

La rencontre de l'écologie et de la théorie réaliste de la puissance offre aux deux ce dont elles manquaient et les renforce mutuellement. Dans cette nouvelle perspective, l'écologie est à la fois l'horizon de sens universel dans lequel se déploie la puissance européenne et l'instrument concret de son affirmation via la réduction drastique des dépendances qui l'empêchaient d'éclore. Elle est en même temps la dernière idéologie cosmopolitique produite par nos pays et le moyen pratique de leur redressement stratégique. Ce *pour* quoi et ce *par* quoi s'affirme la puissance européenne.

L'édification de cette puissance écologique européenne est le grand récit des années à venir, la réponse systémique que nous cherchions depuis longtemps à l'angoisse du déclassement qui tenaille nos nations et aux insoutenables dépendances qui les enchaînent. Nous avons réalisé pendant la pandémie de Covid-19 que nous étions incapables de fabriquer des masques et de produire du curare ou du Doliprane. Nous avons vu, au bout de douze mois d'affrontements militaires en Ukraine, que nous étions à cours de munitions en Europe comme aux États-Unis et que nos industries étaient si faibles que nous peinions à relancer la production. Nous avons besoin de nous sentir à nouveau maîtres de notre destin, de redevenir producteurs de biens et de sens. L'écologie politique mariée au réalisme permet pareille reprise du contrôle.

La rupture avec l'idéologie du libre-échange généralisé, la lutte contre la surconsommation ou les grands chantiers de la transition énergétique ne sont plus dans ce nouveau cadre des sacrifices exigés par le seul combat climatique, ce sont les outils d'une grande reprise en main de notre destin. Il n'y a pas d'un côté l'intérêt universel (la diminution des émissions de gaz à effet de serre) et de l'autre notre intérêt de citoyens français ou européens (le renforcement de nos capacités productives), avec la nécessité pour une autorité politique tiraillée entre des injonctions contradictoires de trouver le juste équilibre entre le global et le local, le long terme et le court terme. Le court terme et le long terme, le local et le global se rencontrent dans l'écologie de puissance. Servir l'intérêt universel revient à servir notre intérêt immédiat. Mieux : c'est la lutte contre le dérèglement climatique (objectif cosmopolitique) qui permettra de rétablir notre outil industriel (objectif « égoïste ») en tournant la page des politiques qui l'ont fracassé.

On dit souvent que rien n'arrête une idée dont le temps est venu. Encore faut-il que cette idée trouve le véhicule adéquat pour s'imposer. L'idée de la puissance écologique a vu, j'en suis persuadé, son heure arriver. Mais qui en fera le récit ? Qui la mettra en pratique ? L'Union européenne est la juste échelle pour le faire et le tournant a été amorcé, par petites touches, à Bruxelles : depuis la pandémie de Covid-19 et la guerre en Ukraine, nous sentons que nous basculons dans une nouvelle ère et les textes que nous votons au Parlement esquissent un début de réveil. Le Chips Act sur les microprocesseurs, le Raw Materials Act sur les terres rares, la taxe carbone aux frontières, le bannissement des produits de l'esclavage et de la déforestation ou encore le devoir de vigilance des entreprises : tous ces actes législatifs marquent, certes bien timidement encore, une rupture avec le « laissez-faire laissez-passer » qui a si longtemps dominé les politiques commerciales européennes. C'est le commencement de l'inversion de l'inversion et du retour de la primauté du politique.

Mais tout se fait trop lentement. Il semble encore impossible pour les dirigeants actuels d'assumer les conséquences internes et externes des mutations requises. Nous avons mis fin à notre dépendance au gaz russe en nous tournant vers des producteurs alternatifs, en morcelant nos dépendances donc, plutôt qu'en mettant en place l'écologie de guerre. Et nous ne parvenons pas à tirer toutes les leçons des trois dernières années. Les réactions outrées des élites européennes à l'Inflation Reduction Act du président Biden – un immense paquet de subventions à l'industrie américaine et d'investissements dans les infrastructures de la transition – montrent qu'elles n'ont pas totalement compris que nous avions changé d'époque. Au lieu de dénoncer un « protectionnisme déguisé » (ce qui est vrai), pourquoi ne pas embrayer et faire pareil en Europe ? Les mines déconfites en commission du commerce international, y compris chez les sociaux-démocrates, lorsque nous débattons d'un Buy European Act – le fait de réserver les marchés publics européens aux productions européennes – attestent que la révolution entrevue n'est pas pour demain et qu'un rapport de forces est inévitable pour l'imposer.

Les écologistes devraient logiquement porter ce projet de puissance écologique européenne. Mais cela implique une révolution culturelle au sein de l'écologie politique elle-même. Ce mouvement est né du pacifisme viscéral du Larzac, de la méfiance radicale envers l'État et du rejet des notions classiques de puissance ou de souveraineté. Il s'est développé comme une contre-culture et a sacralisé le geste du retrait. Tirer le fil de la puissance écologique impose de battre en brèche des mythes fondateurs anti-militaristes et anti-étatiques dont les dirigeants et les activistes écolos se départissent lentement. Pour lutter contre l'effondrement climatique, pour résister à la guerre menée contre nos démocraties par Vladimir

Poutine ou pour reprendre la main face aux multinationales, il faudra s'appuyer sur les cadres de l'État, les hauts fonctionnaires, assumer l'idée de puissance.

L'enjeu, au fond, est de savoir si l'écologie se limite à la protection de l'environnement immédiat ou si elle est un projet de gouvernement de la cité et de transformation du monde. Poser la défense du climat comme axiome conduit nécessairement à choisir la deuxième option. Au lieu d'expulser les activités polluantes loin de chez nous (en acceptant sans le dire de polluer dans d'autres pays), il faut rapatrier nos activités de production. C'est-à-dire polluer (aussi peu que possible) chez nous plutôt qu'ailleurs. L'écologie pensée comme un projet global et non simplement local met fin à l'exportation de nos émissions (en amont) ou de nos poubelles (en aval). Elle prend la forme d'une planification industrielle en développant des champions européens pour les industries de transition et en rétablissant des outils douaniers capables de protéger la production européenne de la concurrence déloyale de biens fabriqués sans respecter les normes sociales ou écologiques imposées à nos producteurs.

L'idée de puissance écologique suppose aussi de reconsidérer le rapport de l'écologie au progrès technologique. « Pouvoir des contraires » selon Aristote, la technique n'est ni une solution à tous les problèmes, ni un problème en soi. Vouloir répondre au dérèglement climatique par le progrès technique est une illusion nourrie par ceux qui refusent de changer les règles des échanges mondiaux, de s'attaquer aux multinationales, de sortir de la surconsommation et de s'engager sur la voie de la sobriété. Mais ressortir à chaque progrès technique le cliché du mythe prométhéen entre en contradiction frontale avec l'idée de puissance, condamne à la dépendance technologique et nous prive d'outils importants dans la lutte pour le climat. La technique est un moyen et non une finalité, négative ou positive. La seule question qui vaille est donc de savoir si une technique peut ou non servir les finalités que la politique se donne : la décarbonation de l'économie et l'affirmation de l'autonomie stratégique européenne. Toutes les techniques, tous les moyens doivent être questionnés du point de vue de ces finalités, y compris le nucléaire. Sans dogme, ni tabou[1].

L'écologie, une fois débarrassée de son rapport dogmatique aux moyens, sans renoncer à la radicalité de ses objectifs, remet la politique au poste de

1. Comment nous prendre au sérieux si nous nous opposons dans le même mouvement au gaz russe, au gaz de schiste américain, au charbon d'où qu'il vienne et au nucléaire tout en promettant que la transformation écologique permettra à chacun de vivre mieux ? Sortir le débat français sur l'énergie des approches religieuses et des postures est la condition de possibilité d'un véritable projet de gouvernement écologique.

commandement, lui redonne sa légitimité et sa capacité à organiser la société en fonction de finalités délibérées en commun. Elle restaure à la fois le primat de l'autorité publique sur les acteurs privés dans la cité et du citoyen sur l'individu en chacun de nous. Le citoyen est la part de notre être qui contraint l'individu à adopter le point de vue de l'intérêt général et donc à renoncer à certains de ses désirs pour atteindre un niveau supérieur de réalisation de soi. Le citoyen, selon Aristote, est « celui qui tour à tour gouverne et est gouverné », celui, donc, qui se met en situation de gouverner même lorsqu'il ne gouverne pas directement : un authentique réaliste. Le réalisme écologique né de la prise au sérieux conjointement des menaces politico-militaires pesant sur nos nations et de la perspective de l'effondrement climatique est un projet de société qui rend à la figure longtemps délaissée du citoyen un rôle central dans nos vies.

La guerre de Poutine nous oblige à changer, à abandonner nos vieux meubles et à tracer de nouveaux chemins. La puissance écologique européenne, ambition à la fois radicale et réaliste, est l'horizon mobilisateur qui nous manquait : l'antidote au poison du délitement et l'acte de naissance d'une véritable république européenne.

L'impossible défaite

Cette guerre est aussi la nôtre.

Nous ne l'avons pas voulue, nous ne l'avons pas cherchée. Nous avons même tout fait pour ne pas la voir venir. Nous avons sacrifié nos alliés et nos principes à la quête d'un partenariat chimérique avec un tyran qui veut notre peau depuis le début. Nous n'avons cessé de céder du terrain, jusqu'à nous retrouver au bord du précipice.

Désormais, tout recul signifierait une chute dans l'abîme. Il nous faut donc tenir bon et assumer. Assumer le rapport de forces qui nous est imposé et que nous avons fui si longtemps. Assumer l'inéluctable confrontation avec le régime fasciste de Vladimir Poutine.

Arrêtons d'avoir peur de notre ombre. Il n'y a rien d'insurmontable dans ce qui est aujourd'hui exigé de nous : mettre fin à nos tergiversations stratégiques, livrer toutes les armes dont la résistance ukrainienne a besoin pour vaincre notre ennemi commun, relancer notre production de munitions et notre industrie de défense, combler les trous qui édulcorent nos sanctions visant la Fédération de Russie, accepter de léser certains intérêts particuliers au nom du bien commun (la liberté et la sécurité de l'Europe), faire face d'une manière équitable et efficace au coût économique et social de la guerre, fournir un effort soutenu sur le moyen terme et délaisser les vieux meubles qui encombrent nos salons. Nos sociétés en sont parfaitement capables.

Comme toujours à travers l'Histoire, les démocraties sont désespérantes de cécité et de faiblesse jusqu'au moment où elles n'ont plus d'autre choix que d'ouvrir les yeux et d'enfiler le bleu de chauffe, jusqu'à ce moment de bascule où elles se redressent, se mobilisent et prouvent au monde qu'aucun système n'est plus solide et plus juste que le leur. Ce moment du sursaut est venu.

Le débat qui agite nos pays n'oppose pas les supposés « droits-de-l'hommistes » solidaires des Ukrainiens aux prétendus « réalistes » soucieux des intérêts de nos nations. Il oppose les tragiques qui ont conscience de l'irréductibilité du conflit en cours aux comiques qui ne voient en lui qu'une parenthèse ou un malentendu. Dans ce débat, le réalisme n'est pas là où on le croyait être.

La guerre exige la redéfinition de la notion de réalisme et sa réappropriation par ceux qui ont la nuque assez raide pour ne pas passer leur vie à se regarder le nombril ou à baisser la tête face à l'ennemi.

Œuvrer à la défaite totale de Poutine en Ukraine est réaliste. Défendre les Ouïghours déportés par une hyperpuissance autoritaire qui entend dominer nos économies et les échanges mondiaux est réaliste. Rompre avec la globalisation dérégulée qui a affaibli nos nations et renforcé nos adversaires est réaliste. Mettre en place l'écologie de guerre est réaliste. Accélérer la transition énergétique est réaliste.

Nous avons les cartes en main. Saurons-nous les utiliser ? Aurons-nous la volonté et la force de changer ?

Au moment où j'écris ces lignes, dans le train qui me ramène de Kyiv, nous n'avons pas encore répondu en Europe à la question de Hamlet : Être ou ne pas être ? Les Ukrainiens ont tranché le 24 février 2022, pas nous. Un an après, nous continuons à hésiter et à osciller. La défaite, pourtant, est interdite et la victoire impérative.

Le pays libre et balafré que je traverse sera notre berceau ou notre tombeau, notre aube ou notre crépuscule. En Ukraine, sur le front, et en chacun de nous, à l'arrière, se décide dans les semaines et les mois qui viennent notre destin à tous. Il est temps de dire et de montrer ce que nous sommes et ce que nous voulons être.

À mon père

Tu avais tout dit et tout écrit.

Au fond je n'ai aucun mérite. Aucun mérite à avoir compris très tôt qui était Poutine et identifié la menace qu'il faisait peser sur l'Europe. Aucun mérite, juste la chance de t'avoir eu comme père.

Les épanchements sentimentaux n'étant pas dans nos natures respectives et nos conversations n'ayant que très rarement pris des tournures personnelles, je ne crois pas te l'avoir dit. Je ne crois pas non plus l'avoir écrit ensuite, après ta mort.

Alors je te le dis aujourd'hui, aujourd'hui plus que jamais : merci pour tout.

Merci d'avoir vu et d'avoir dit, écrit, crié ce que tu voyais.

Merci d'avoir assumé la solitude des Cassandre, suscitant l'étonnement, l'incompréhension et parfois les quolibets des gens bien en place, revenus de tout sans avoir été nulle part. Je me souviens encore d'un éditorial d'un magazine mainstream qui commençait ainsi : « Il n'y a plus guère que Glucksmann et ses Tchétchènes… » Toute la litanie des poncifs qui dominaient alors la pensée européenne suivait : Poutine était brutal certes, mais il avait apporté la stabilité en Russie, il faisait face au terrorisme, il était un partenaire obligé et même fiable, les « droits-de-l'hommistes » ne comprenaient rien à la *Realpolitik*. Elle a bonne mine en 2023, leur *Realpolitik*, n'est-ce pas ?

Glucksmann et « ses » Tchétchènes : l'ironie mondaine dont le Tout-Paris est si friand et la « sagesse » des grands stratèges partisans de l'alliance avec Moscou ont mal vieilli. Tes mots, eux, n'ont pas pris une ride.

Merci, donc, pour les Tchétchènes massacrés que tu as quasiment été le seul à défendre. Merci de t'être rendu clandestinement sur place en risquant ta peau, disparaissant pendant d'interminables semaines où nous t'attendions, avec Fanfan, inquiets et fiers. Merci d'avoir passé les dernières années de ta vie à lutter pour un peuple martyr dont tout le monde se foutait et dans le destin duquel tu avais vu le signe annonciateur des tragédies à venir.

Merci pour les dissidents russes.

Merci pour les Géorgiens. Merci pour les Ukrainiens.

Merci pour nous, malgré nous.

Merci pour moi.

Merci de m'avoir appris à prendre des risques pour ce que l'on pense juste.

Merci de m'avoir appris à entendre les mots qui dérangent et qui réveillent. Je me souviens des dîners que tu passais, silencieux, à écouter les paroles des résistants, et je me souviens de tes regards lorsqu'un convive parisien partait dans une tirade narcissique, coupant la parole d'une féministe algérienne ou d'une journaliste russe : il fallait savoir s'effacer devant ceux qui luttaient, ceux qui savaient, ceux qui mouraient.

Tu voyais dans la figure de l'intellectuel un « pense-bête », un être dont le rôle est de rappeler la réalité qu'on préférerait ignorer, de ramener l'attention sur cet essentiel qu'on aimerait zapper.

L'essentiel, aujourd'hui, c'est la grande confrontation que tu avais annoncée, disséquée, expliquée. Évidemment, la plupart des gens ont oublié que tu l'avais fait. En particulier ceux qui t'avaient alors ri au nez et n'ont aucun intérêt à ce qu'on se souvienne que des voix les avaient alertés et qu'ils ont choisi de ne pas les entendre.

Mais je me souviens, moi. Et je n'oublierai jamais.

On ne mérite pas la chance, elle nous tombe dessus. La seule chose qu'on puisse faire, c'est de s'en montrer digne. Voilà ce que j'essaie de faire.

La Grande Confrontation

Je pense à toi en quittant l'Ukraine en guerre. Je pense à toi à Kyiv, à Bruxelles, à Paris, partout. Tu me manques. Tu nous manques.

Remerciements

Merci aux essentiels, ma famille, Léa, Alexandre, Gabriel, et Fanfan, ma mère.

Merci à toute la maison Allary, à Guillaume, Laurence, Camille, Morgane, Élisabeth, Stéphanie et Agnès.

Merci à la *dream team*, à Chloé, Alice, Charles, Caroline et Pierre.

Merci aux adhérentes et aux adhérents de Place publique, mes partenaires de lutte.

Merci aux collègues et au staff de la délégation de la Gauche sociale et écologique au Parlement européen.

Merci à tous les militants PP, PS et autres qui ont participé à notre campagne en 2019 et m'ont permis de me battre ici pour nos principes.

Merci à mes amis tchétchènes, géorgiens, syriens et ukrainiens, que j'essaie depuis vingt ans de soutenir et d'accompagner dans ce combat qui nous est commun.

Merci à Mikheil Saakachvili, qui avait alerté le monde et se retrouve aujourd'hui dans une geôle géorgienne, victime de la vindicte du tyran, de la haine de l'oligarque et de la pusillanimité des dirigeants européens.

Merci à Anna Politkovskaïa, mon modèle et amie, assassinée, jamais effacée.

Bibliographie

Livres :

Catherine Belton, *Les Hommes de Poutine,* Talent Éditions, 2022.

Collectif, sous la direction de Galia Ackerman et Stéphane Courtois, *Le Livre noir de Vladimir Poutine,* Robert Laffont/Perrin, 2022.

Collectif, préface de Marie Mendras, postface de Michel Eltchaninoff, *Le rapport Nemtsov. Poutine et la guerre*, Actes Sud, 2016.

Mickaël Correia, *Criminels climatiques,* La Découverte, 2022.

Varlam Chalamov, *Essais sur le monde du crime*, Gallimard, 1993.

Pierre Charbonnier, *Abondance et liberté*, La Découverte, 2020.

Pierre Charbonnier, *Culture écologique*, Presses de Sciences Po, 2022.

Christian Chesnot, Georges Malbrunot, *Nos Très Chers Émirs,* Michel Lafon, 2016.

Fédor Dostoïevski, *Les Démons*, 1871.

Eschyle, *L'Orestie,* Ve siècle av. JC.

François Gemenne, *Géopolitique du climat*, Armand Colin, 2021.

André Glucksmann, *Dostoïevski à Manhattan*, Robert Laffont, 2002.

Nathalie Loiseau, *La guerre qu'on ne voit pas venir*, Éditions de l'Observatoire, 2022.

Nicolas Machiavel, *Discours sur la Première décade de Tite-Live*, 1531.

Anna Politkovskaïa, *Tchétchénie, le déshonneur russe*, Buchet Chastel, 2003.

Anna Politkovskaïa, *La Russie selon Poutine*, Buchet Chastel, 2005.

Peter Pomerantsev, *Rien n'est vrai tout est possible. Aventures dans la Russie d'aujourd'hui*, Saint-Simon, 2016.

Shakespeare, *Hamlet*, 1603.

Gabriel Zucman, *La richesse cachée des nations*, Seuil, 2017.

Articles et rapports consultables en ligne :

Atlantic Council, par Francis Shin et Ben Judah, *Stopping the kleptocrats: A strategy for the United States and Europe to address weaponized corruption*, janvier 2023.

Pierre Charbonnier, « La naissance de l'écologie de guerre », *Le Grand Continent*, 18 mars 2022.

European Stability initiative (ESI), *Caviar Diplomacy - How Azerbaijan silenced the Council of Europe*, 24 mai 2012.

European Stability initiative (ESI), *The European Swamp (Caviar Diplomacy part 2)*, 17 décembre 2016.

IISS, *Defending Europe: scenario based capability requirements for NATO's European members*, avril 2019.

INGE, *Rapport sur l'ingérence étrangère dans l'ensemble des processus démocratiques de l'Union européenne, y compris la désinformation*, février 2022.

IRSEM, par Paul Charon et Jean-Baptiste Jeangène Vilmer, *Les Opérations d'influence chinoises. Un moment machiavélien*, octobre 2021.

Peter Pomerantsev, « Putin's Rasputin », *London Review of Books*, vol. 33, n° 20, octobre 2011.

Table des matières

L'Europe en guerre 9

ACTE I
LA CITÉ CORROMPUE

Pour du cash et du caviar 21

Un héros de notre temps 27

Suicide au gaz 37

La «Harrods Democracy» 46

La roulette russe 52

ACTE II
LA GUERRE
CONTRE NOS DÉMOCRATIES

«La guerre est notre idéologie nationale» 63

Le règne du crime 73

Le cuisinier du chaos 83
Une internationale nationaliste 90
« La guerre de Troie n'aura pas lieu » 96
Un réveil difficile 110

ACTE III
LA RÉSISTANCE

Le courage ukrainien 128
Made in Taïwan 136
Une révolution mentale 141
Retrouver la politique 147
L'écologie de guerre 155

L'impossible défaite 169
À mon père 173
Remerciements 177
Bibliographie 181

Maquette de couverture par Raphaëlle Faguer.

Correction par Agnès Aubry.

Composition en Plantin
par Dominique Guillaumin, Paris.

www.allary-editions.fr

Cet ouvrage a été imprimé sur du papier issu
de forêts gérées de manière responsable.

Imprimé en France par CPI en mai 2023
N° d'impression : 3053073
ISBN : 978-2-37073-453-2
Dépôt légal : mars 2023